地下怪談
慟哭

響　洋平

竹書房
怪談
文庫

目次

※本書に登場する人物は様々な事情を考慮して仮名にしてあります。

天井

二〇一九年秋。

私はＤＪとしてクラブ・イベント出演のためフランスのパリを訪れていた。

合計三ヶ所の会場で出演したのだが、そのうち一つは川沿いのカフェ・レストランを舞台とした趣向を凝らしたイベントだった。壁や天井は原色を使ったカラフルな内装。家具も可愛らしく、随所に散りばめられた絵画や雑貨もセンスがあり、テラスやダンスフロアのスペースもあって居心地がとても良い。

その会場で私は、ある日本人女性と知り合った。

輸入家具のセレクトショップを経営している人で、休暇中にパリを訪れているとのこと。「パリの後はフランス西部に移動して、珍しいワインやウィスキーを探しに行くんです」と、表情豊かに楽しく話をする明るい女性である。

「響さん、怪談を集めているんですね。私の大学時代の友達に優子っていう女の子がいるんですけど、すごく怖い経験をしたことがあるって言ってたんです」

彼女はそう言うと、友人の体験談を語ってくれた。


優子さんが二十代前半の頃。

当時交際していた彼氏が、東京の世田谷で一人暮らしをしていたという。

彼女はよく彼氏の部屋に泊まりに行くことがあった。そこは四階建ての低層マンションの三階。広くはなかったが、無駄なものは無く適度に整理整頓されていて、過ごしやすい部屋だったそうだ。

ある日の夜。深夜二時を回った頃。

優子さんと彼氏は枕を並べて寝ていたのだが、突然天井の上から、

――ゴッ。――ゴッ。

と、まるで何かを金槌で打つような音がし始めた。

「何？　あの音」

彼氏も目が覚めてしまったようだ。のそりと布団が動く。

「またか……」

闇の中で彼氏が呟いた。

「上の階の人、家具でも組み立てているの？」

こんな夜中に迷惑だよね――と、優子さんは言いながら、彼氏の言葉の違和感に気付いた。「またか」とは、どういうことだろう。

「この音、最近ずっと続いているんだよ」

気怠《けだる》そうに彼氏が言った。

「そうなの？　こんな遅い時間に、変だよ……」

漆黒の天井。

それは不穏な気配を帯びて頭上に広がっている。

――ゴツ。――ゴツ。

心臓の鼓動のように、天井の上から異音が低く轟《とどろ》いていた。

まるで巨大な生物の臓物の中に閉じ込められたような感覚。唐突に不安に駆られ、優子さんは彼氏の腕にしがみついた。

「これ、苦情言った方がいいよ」

「うん、それがね」

「……」

「昨日、管理人に言ったんだよ。上の階がうるさいって」

彼氏が、すっとこちらに顔を傾けた。

「そしたら、上の階」

――誰も、住んでないっていうんだよ。

彼氏が声を潜めるように囁《ささや》いた。

闇の中に緊張が張り詰めている。

動くのが怖い。

「そんな訳ないでしょ」

「いや、本当なんだよ。俺も上の階を見に行ったんだけど、確かに人が住んでいる気配が無いんだよね。郵便受けも空で、埃《ほこり》被ってるし」

「まさか……」

上の音は相変わらず続いている。

――ゴツ。

――ゴッ。

不整脈のように、神経に触る不快感があった。

「ねえ、この音いつから始まったの？」

「確か、先週日曜の夜だったかな。あの廃墟に行った後だったから……」

「ちょっと、それどういうこと？」

「土曜の夜に、友達とA病院の跡地に行ってきたんだよ。心霊スポットの廃墟」

彼氏は半年ほど前から、オカルト好きの友人に感化されたらしく、心霊スポット巡りをするのがブームだったようだ。

「もう、そういうのやめなさいよ」

「でも確かにあの廃墟でおかしなことがあったんだよ。もしかしたら、それが原因なのかも知れない」

「何があったの？」

「うん、廃墟に入った時にね……」

次の瞬間。

――ピリリリ。

突然、枕元で電子音が鳴った。彼氏のスマートフォンからだ。

優子さんは驚いて、びくりと体を縮めてしまった。

「ちょっと、何？」

それは、メールの着信を示す音だった。

「誰からだろう？」

彼氏は布団から腕を出すと、スマートフォンを手に取った。

暗闇でぼんやりと光るスマートフォンの明かりが、彼氏の硬直した表情を青白く照らしている。優子さんは彼氏の傍に身を寄せ、スマートフォンの画面を覗き込んだ。

メールアプリの四角いアイコンの右上に、小さな赤い丸が付いている。

そこには「1」という数字が表示されていた。

一件の未読メールがあるという意味だ。

彼氏がメールアプリを開く。

「ん……？」

彼は顔を顰《しか》めると、スマートフォンを顔に近づけた。

画面には過去の既読メールがずらりと並んでいる。

通常、メールアプリは送信日時が新しい順に、上から表示される仕様となっている。

当然、今届いた未読メールは一番上に表示されるはずだ。

しかし――。

未読メールはどこにも無い。

「どういうこと？」

彼氏はメールアプリを閉じて、再度ホーム画面にあるメールアプリのアイコンを確認した。その右上には相変わらず「1」という数字が表示されており、間違いなく未読メールが一件あることを示している。

隣で見ていた優子さんは、背筋に悪寒が走るのを感じた。

「いま届いたはずのメールがない……」

彼氏はもう一度メールアプリを開き、指で画面を弾くと未読メールを探し始めた。

画面が次々と下にスクロールされてゆく。しかし、探し続けても未読メールは見つからない。目に留まるのは、すべて既読のメールである。

優子さんは、そこで見たものを「未だに信じられない」と言っていたそうだ。

彼女は、もともと幽霊など信じていない。ましてやスマートフォンのような新しい機器に、そんな不可解な現象が起きること自体が考えられない。しかし、それは本当に起きたのだ。

未読メールは、確かに存在した。

既読メールがずらりと並ぶ中、画面を何度もスクロールしたその最下層――。

一番下に、一件の未読メールがあった。

その送信日時を見ると、

――一九七二年の日付が表示されていた。

そんな時代に、メールはおろか携帯電話すら存在するはずがない。

彼氏は一体、友人と訪れた廃墟で何を見たのだろうか。創作怪談であればいろいろなアイデアが浮かぶところであるが、これは実話である。残念ながら優子さんは恐怖に押し潰され、それ以上の話を彼氏から聞くことができなかったという。

天井から鳴り響くゴッゴッという異音――それはまるで、何かを釘で打ち付けているようだった。

丑《うし》の刻《こく》参りという呪詛《じゅそ》がある。恨みを持つ相手を藁《わら》人形に見立て、丑の刻（午前一時から三時頃）に神社の御神木に五寸釘で打ち付ける。それは決して人に見られてはならない。優子さんは、なぜか脳裏にその映像が鮮明に浮かんだそうだ。

枕元のデジタル時計は、二時を少し過ぎた時間を示している――。

しばらく躊躇《ちゅうちょ》した後、彼氏はその未読メールを開いた。

そこには、たった一言。

『死んだ』

差出人は、意味不明な文字の羅列だった。

峠道

「その峠の道は、もう二度と通らないって決めてたんですけどね」

真夜中の東京渋谷。松濤《しょうとう》から宇田川町へ向かう狭い道を縫うように走るタクシーの中で、運転手は静かにそう言った。

「つい、忘れてしまったんですよ」

ウィンカーの音が鳴り、車はゆっくりと右折する。ガラス越しに移りゆく夜の街を背景に、私は食い入るように話を聞いていた。

——いや、もう本当に怖かったんです。これ、初めて人に話すんですよ。

都内でタクシー運転手をしている山田さんが、かつて体験したという話である。

山田さんは三十代の頃、新潟県にある運送会社で会社員をしていた。

職場は新潟市内から車で一時間ほど離れた場所に在る。市内に住む山田さんは、自宅から会社まで車で通勤していた。

それは、或る大雪の日の夜だったと云う。

人手不足の折に会社が繁忙期を迎えてしまい、山田さんは深夜まで残業をしていた。気が付いたらオフィスに独り。時計を見ると、すでに深夜一時を回っている。

「今日はもう帰ろう」

山田さんはコートと鞄を手に取り、オフィスの電気を消した。外に出ると、身を切るような寒さが衣類の隙間から刺し込んでくる。

吹雪だった。

夜の駐車場を早足で車へ向かって歩いていると、呼吸に合わせて白い息が闇に滲む。気温は二、三度くらいだろうか。降り頻《しき》る雪の流線が、外灯の下で周囲から切り取られたように浮かび上がっている。

山田さんは車に乗ると、自宅に向かって雪道を走り始めた。

「ちょうど会社と家の中間なんですけどね。峠を越える山道があるんですよ」

忙《せわ》しなく動くワイパーの向こう側は、雪の積もる県道だった。闇を切り裂くように、ヘッドライトの灯が峠の道を照らしている。雪の中、黒い木々の間を車は走り続けた。

山道に入ってしばらくした頃。

「何だ？　あれ……」

山田さんは、ハンドルを握りながら姿勢を浮かせ、思わず目を凝らした。

ヘッドライトの先には、左側に黄色い菱形の道路標識が見える。

——落石注意と表記された標識。

そのすぐ傍の路上に、道路の左半分を埋め尽くすほど大きな黒い水溜りがあった。

「……？」

黒いタールの塊《かたまり》のようにも見える。このまま直進すると、その黒い水溜りの上を走ってしまうため、山田さんはハンドルを右に切った。

すると突然。

その黒い水溜りの中から、何かがずるずると浮かび上がってきた。

丸みを帯びた黒い塊が、ぼこぼこと形を変形させながら徐々に湧き上がってくる。

縦長の、溶けた鉄塊《てっかい》のような異形の物。

それは瞬《またた》く間に、人の形になった。

「……」

山田さんは息を飲んだ。

黒く塗り潰したマネキンのような姿で、それは道路の上に立っている。

そしてそれは、

――こちらを視た。

「うわっ」

呻《うめ》くように喉から叫び声が出た。

絶対に見ちゃいけない――山田さんは咄嗟《とっさ》にそう思ったという。顔は黒い塊で、目も鼻も口も無い。しかし、それがこちらを視たということだけは、はっきりとわかった。

「危ない！」

山田さんは慌ててハンドルを切ると、間一髪でその黒い異形の傍を通り過ぎた。

視界の端で、その黒い人影は、ゆっくりと首をこちらに向け、通り過ぎる車の軌道を目で追っていたという。

「もう絶対に見れなかった。人の形になってて……。もう、俺を見ているって、わかってるんですよ」

山田さんは興奮した口調で、私にそう話してくれた。

「その峠の道は、もう二度と通らないって決めてたんですけどね」

言葉の語尾が気になった。

「続きがあるんですか？」

咄嗟に私はそう言うと、身を乗り出した。

「つい、忘れてしまったんですよ」


その日を境に、山田さんは、別の道を使って通勤をするようにしたのだという。やや遠回りのルートになるのだが、絶対にあの峠道を通るのだけは避けたかった。

あの黒い人影が、脳裏に焼き付いている。

しばらくは悪夢に魘《うな》されることもあったようだが、日が経つに連れて、徐々に記憶からも薄らいでゆき、精神的にも落ち着きを取り戻しつつあった。

——二ヶ月後。

それは、雪が溶け始めた春先のことだったと云う。

その日は会社の懇親会があり、職場近くの居酒屋で飲み会があった。当然、山田さんは車通勤なので飲酒はできないのだが、気心知れた職場の同僚と大いに宴会を楽しんだそうだ。

「山田さん、こいつ飲み過ぎたみたいで。すいませんけど、家まで連れて帰ってやってくれます？」

同僚の一人が酔い潰れたらしく、山田さんは彼を家まで送り届けるよう頼まれた。彼の家は新潟市内。ちょうど山田さんの自宅方面だったため、「ああいいよ」と二つ返事で彼を車に乗せることにしたという。

二十三時を過ぎた頃だっただろうか。

車は職場のある市街地を抜け、人けのない県道に入った。

助手席では、同僚がサイドガラスにもたれ掛かるように頭を垂れて眠っている。

車は、黒い木々に囲まれた山道を走っていた。ヘッドライトが暗い道路を照らし、錆びたガードレールが車の脇を通り過ぎてゆく。

「しまった――」

山田さんは思わず呟いた。

気が付くとそこは、二度と通らないと決めていた、あの峠の道だった。

――どうしよう。引き返した方がいいかな。

黒い人影の記憶が蘇《よみがえ》る。

ぬめりとしたあの顔。

背筋がぞっとする感覚を覚えた。

しかし、あれはもう二ヶ月も前のことになる。山田さんの中では、もしかしたら見間違いだったのかも知れないという疑念もあった。

しかも助手席には同僚がいる。独りではない。

「気にしなくていいか」

山田さんは、引き返すことはせず、その峠道を走り続けることにした。

雪は積もっていないとはいえ、夜は道が凍結している可能性もある。スピードを出し過ぎないよう注意しながら、いくつかのカーブを曲がる。

ヘッドライトの先に、黄色い道路標識が見えた。

――落石注意の標識。

「ここだ……」

山田さんは目を凝らして標識の傍の道路を見た。

地面の上には、何もない。

やっぱりあれは見間違いだったんだ。山田さんはそう思うと、ほっとして肺に溜まっていた空気を吐き出した。

――あの時は、きっと疲れていたんだろう。

肩の力が抜け、安堵感がゆっくりと身体に戻ってきた。

ハンドルを握り直すと、山田さんは姿勢を少し整え、そのまま車を走らせた。

道路標識が徐々にこちらへと近付いてくる。

その時だった。


「お前もここで、見たんだろう?」

助手席の同僚が言った。

「え?」

「お前もここで——見たんだよなあ」

助手席の同僚が、運転している山田さんの左肩をがしりと掴んできた。

「だから、お前もここで見たんだろう？」

助手席を見ると、そこに居たのは全身が黒い油に塗《まみ》れたような、真っ黒な人だった。

目も、鼻も、口も無い。

顔は、ぬらりとした凹凸《おうとつ》のある面で覆われている。

それは上体を起こし、頭部をぐいとこちらへ近付けてきた。

「お前も、ここで——見たんだよなあ」

肩を掴む指が、ぐっと食い込んできた。

山田さんは、絶叫していたという。

反射的にアクセルを踏み込み、車が急加速した。

がくりと背中がシートに押し付けられると同時に、エンジン音が唸る。

正面を照らすヘッドライトの先に、錆び付いたガードレールが見えた。

——危ない！

その声はもしかしたら、同僚の叫び声だったかも知れない。

慌てて山田さんはブレーキを踏んだ。アスファルトとタイヤが苦しそうに擦れる音を立てて、車は急激に減速する。間一髪で、車はガードレールの直前で止まった。

その先は、勾配の急な崖――。

冷や汗の滲《にじ》んだ両手でハンドルを握ったまま、山田さんは肩で息をしていた。

心臓が脈打つ音が聞こえる。

「ちょっと山田さん、危ないじゃないですか！」

助手席を見ると、同僚が真っ青な顔でこちらを見ていた。

「そこね。大きなカーブになっていて、落っこちるところだったんですよ」

山田さんはそう言うと、静かに車を減速した。外を見ると目的地付近に着いている。

私は車を停めてもらった。

「同僚も、その場所で黒い幽霊を見たことがあったんですかねえ。『お前もここで見たんだろ』って――こっちはなんにも話していないのに、いきなり言ってきたんですから」

きっとあの山道には、人を崖下に引き摺り込もうとする幽霊がいるんですよ。

運転手は、そんな話をしてくれた。

「お前もここで、見たんだろう?」と言っていたのは、おそらく同僚ではない。黒い幽霊自身だと思われる。その瞬間、同僚は幽霊に憑依《ひょうい》されていたのかも知れない。

ただ、ここで私には一つ疑問が残る。

仮に、悪意を持った怨霊が生者を異界に引き摺り込もうとしていた場合、「お前もここで、見たんだろう」という言葉には、少し違和感がないだろうか。

「お前は、俺を見たんだろう?」という言い方なら腑《ふ》に落ちる。

その峠道にいる地縛霊が、自分を見た者を狙って崖下へ引き摺り落とそうとしているのであれば、自分を見た者に対してそのような台詞《せりふ》を言うことは文脈として成立するだろう。

しかし、「お前もここで、見たんだろう?」という言葉は、どちらかというと被害者が別の被害者に対して語り掛ける言葉と考えられないだろうか。

「運転手さん、すいません」

「……どうかしました?」

「その山道って、事故が多い場所だっていう話は聞いたことありませんか?」

私は車を降りる間際にそう聞いた。

「ガードレールが、よく折れ曲がってましたからねえ」

その峠道のカーブは、転落事故が多発している場所だという。

轢き逃げ

怪異を蒐集《しゅうしゅう》していて常々思うことがある。

それは、体験者と傍観者の境界がどこにあるのかということだ。

思考を拗《こじ》らせているだけだと言われるかも知れないが、怪異を類型化する際にはこうした観点が考察を深掘りする時の指標になることもある。

仮に、幽霊を知覚するということを霊体験として定義した場合、それは「幽霊を見た」「幽霊の声を聞いた」などの主観的体験を意味している。主に、（一時的なケースも含め）霊感を持つ特殊な境遇に身を置く人が取材の対象となる。当然、それこそが貴重な怪異体験であり、興味の核となる対象であることは間違いない。霊感を持たない（と思っている）私にとっては、それがどういう体験であるのかを知りたいという好奇心が、怪異蒐集の原動力の一つになっている。

しかし一方で、霊体験の傍観者（観測者）という立場から怪異に触れたという体験自身も、怪談として語られるべき重要な証言として私は捉えている。

直接的に幽霊を知覚した訳ではないが、観測した事実を繋ぎ合わせてみた時に、それらを納得感を持って認識するためには、何らかの超常的な存在を仮定しない限り成立しない（または、仮定した方が理に適《かな》う）――という事象がそうである。

一見するとそれらは直接的な霊体験ではないため、印象に薄いかも知れない。

しかし「何らかの超常的な存在」を未知数Xとした場合、観測可能な事実と組み合わせると、ある種の方程式のようなものが浮かぶケースがある。未知数Xは、特殊な霊能力を持つ人を除き一般人には知覚できない。知覚できるのは、方程式を構成する定数（観測可能な事実）と未知数Xの関係性だけである。しかし、方程式をじっくりと眺めながら、左辺と右辺の定数をあれこれと操作するうちに、未知数Xの正体がぼんやりと浮かび上がってくることがある。

怪異を考察するプロセスにおいて、この瞬間に至る恐怖というものは非常に恐ろしい。

なぜならそれは、体験者の主観ではなく観測者の客観から導かれる恐怖だからだ。

そしてそれは、主客を問わず共有されるリアリティを帯びた恐怖となり得る。

今から紹介する話は、そうした観測者の体験として興味深い事例である。

1

二〇二〇年五月下旬。

私は、東京の世田谷にある行きつけの沖縄料理店にいた。

この時期は新型コロナウイルスが世界的に蔓延《まんえん》しており、日本政府が緊急事態宣言を発令した渦中である。飲食店はどこも店舗営業を自粛しており、その沖縄料理店もテイクアウトの営業のみで苦境を耐え凌いでいた。

私が、注文していた弁当を取りに行った時のこと。

「響さん、私の友達がめっちゃ怖い体験したって言っているんです」

突然、アルバイトの若い女性がそう言った。店長から私が怪談蒐集をしているという話を聞いていたようだ。

「そうなんですね。どんな話ですか？」

少々面食らいながらも私がそう尋ねると、その女性はこんな話をしてくれた。

「友達の俊さんっていう人なんですけど」

「男性？」

「そうです。その人が、一、二週間前だったかな――突然家の窓ガラスが曇り始めたそうなんですよ」

「住んでる家で？」

「はい。寒い日でもなく、エアコンもつけてないのに、ある窓ガラスだけが突然曇り始めたんです」

外気と室内の温度差が、局所的に変化したということだろうか。

「そしたら、突然その窓ガラスに――子どもの足跡が浮かんだって言うんですよ」

それは興味深い。

「私、写真も見せてもらいました。子どもの足形なんです」

手形が浮かぶという怪談は聞いたことがある。そして、手形であれば、もしかすると霊現象ではなく、窓ガラスに付着していた住人の手形が気温の寒暖差により浮かび上がった可能性もあるだろう。しかし、子どもの足形が浮かぶというのは不可解である。

「俊さんは霊感がある人なんですか？」

「霊感はないそうなんですけど、こんな感じの怖い経験が他にもあるみたいなんです。この近くでバーの店長やってるんですよ。今度、響さんに紹介しますね」

私が、俊さんを紹介してもらったのは、そうした経緯だった。


東京都の緊急事態宣言が解除された六月初旬。

依然、新型コロナウイルスの感染拡大は危惧されていたが、経済が停滞することによる危機が現実味を帯びてきた状況を受け、規模を縮小して営業を再開する店舗も増えてきた。当然、密閉、密集、密接といういわゆる三密を避けた形での営業である。

私は、俊さんが店長を務めるバーを訪ねた。

「こんな状況ですが、なんとか危機管理しながら店をやってます」

俊さんの年齢は三十代前半。カジュアルなファッションがとても似合う爽やかな男性である。人柄も良く、真面目そうな印象を受けた。

「昔から幽霊は見たことないんですが、なぜか変な出来事に遭遇しちゃうんですよ」

私が怪異体験について伺ったところ、彼は苦笑いをしながらそう言った。

「でも、霊感は無いんですよね？」

「そうなんですよ。幽霊を見てみたいと思ったことはあるんですが、結局まだお目にかかっていません」

そう言うと、俊さんは私にビールを勧めてくれた。二人でバーカウンター越しに距離を置いて静かに乾杯をする。すると、俊さんがぽつりと呟いた。

「もしかしたら、弟の影響なんでしょうか――」

2

俊さんの地元は、九州の鹿児島県。人口約四万人弱の町で生まれ育った。

彼には二つ下の弟がいたのだが、どうも弟には霊感と呼ばれるものがあったという。人には見えないものが見えたり、直感的に何かを感じ取っているように思えることが頻繁にあったそうだ。

例えばこんな話がある。

俊さんが中学生の頃、祖父が亡くなった。祖父は数ヶ月前に体調を崩し、市内の病院に入院していたのだが、その日の午後、容態を悪くしてそのまま息を引き取った。

その時、俊さんは学校にいたのだが親から連絡があり、急いで病院へ駆けつけた。俊さんが祖父の病室へ駆け込むと、なぜか弟がすでに病室に居て祖父のベッドの傍に座っている。聞くと弟は、朝家を出ると学校へは行かずにそのまま病院へ来ていたのだという。「お祖父《じい》ちゃんにお別れを伝えたかったから」と弟は言うのだが、当然、朝の時点では祖父の容態は悪化してはいない。両親と俊さんは首を傾げるばかりだった。

一年後、親しくしていた親戚が他界したのだが、その時も弟は朝家を出るとそのままその親戚が入院する病院へと向かい、臨終に立ち会ったそうだ。

弟には、そうした不可解な出来事や言動が幼少の頃よりたくさんあり、家族も弟の不思議な特性というものに気付き始めていた。

そして俊さんは、（ある意味では子どもらしい純粋な発想であるが）そんな特殊な能力を持った弟のことが少し羨ましかったという。

——その事件は、俊さんが小学校六年生の時に起きた。

八月の或る日。

俊さんは、翔平という同級生と二人で、実家の二階にある自分の部屋で遊んでいた。

俊さんの実家は山の麓の高台にぽつんと建っている。家の周りは森に囲まれており、近くには枇杷《びわ》の果樹園が広がっていた。

その日、両親は仕事で不在だったため、家には子どもしか居なかったという。

俊さんは自分のベッドに寝転び、漫画雑誌を読んでいる。翔平も床に座って漫画を読んでいた。二人は小さい頃から気心知れた仲であり、お互いに気を遣うこともない。それぞれに好きな漫画を読みふけっていた。

「ねえ、入ってもいい？」

ノックの音がして、弟が部屋に入ってきた。

その日、弟は外に遊びに出ていたのだが、午後になって家に帰ってきていたようだ。

「ちょっと読みたい本があって」

そう言うと弟は、俊さんの部屋で一緒に漫画を読み始めた。

窓は開いていて、心地良い夏の風が入り込んでいる。夢中になって漫画を読んでいると、いつの間にか西日が差し込んでくる時刻になっていた。外を見ると、夕焼けが美しく雲を赤く染めている。

「俺、そろそろ帰るね」

翔平はそう言うと立ち上がり、読んでいた漫画を本棚へと戻す。

俊さんも翔平を見送るため、一緒に階段を降りて玄関先まで出た。

家の外には翔平の自転車が停められている。

「じゃあまた」

翔平は颯爽《さっそう》と自転車に跨り、家の前の坂道を下って行った。

家に戻ると、廊下の先に弟がぽつりと立ってこちらを見ている。

「お兄ちゃん、今日来てた人、誰？」

「え？　翔平だよ。何度も家に来てるから、お前も知ってるだろ」

「翔平くんは知ってるよ。そうじゃなくて」

——もうひとりの人。

俊さんは耳を疑った。

「もう一人って——。翔平しか来てないよ」

「そんなことないよ。さっきお兄ちゃんの部屋にもう一人いたよ」

床に座って漫画を読む翔平の背後——そこには、その漫画を覗き込むように後ろから首をぐいと突き出して座っている男の子がいたのだという。

背筋にすっと冷たい空気が走るのを感じた。

そんな訳ないだろうと俊さんは言ったものの、弟の不思議な能力を知っている。喉の奥に何かがつかえているような、得体の知れない不安感が込み上げてきた。陽は陰り、家の中には薄暗い空気が影を落とし始めている。俊さんは「変なこと言うなよ」と、捨て台詞のように言うと、自分の部屋に戻りドアを閉めた。

3

その日の夜。

俊さんの記憶では十九時頃だろうか。家の固定電話が鳴り響いた。

両親は二人ともまだ仕事から帰っていない。

受話器を取ると、それは警察からだった。相手が子どもだったからだろう。受話器の向こうの男性は、取り繕ったような優しい口調で話し始めた。

「〇〇署の者なんだけど、お父さんかお母さんはおうちに居るかな?」

「二人とも仕事で、まだ家には帰ってきていません」

「そうか。困ったな……」

「何かあったんですか?」

「うん。今日ね、お宅に須藤翔平くんっていうお友達が遊びに来てなかったかな?」

「翔平? はい。遊びに来てました」

警察は、やっぱりそうかと低い声で呟くと「わかった。ありがとう」と簡単な挨拶をして電話を切った。

俊さんは、少し嫌な予感がしたという。


——その数分後。

今度は翔平の母親から電話があった。

「もしもし。今日、翔平がそちらに遊びに行ってたよね?」

「はい、来てました」

「何か——変わった様子だったりしなかった?」

「……変わった様子?」

「例えば、いつもと違うようなことを言ったり、変な行動をしたりとか」

思い当たることは何もなかった。

「翔平くんに、何かあったんですか？」

「いや実はね。まだよくわからないんだけど」

受話器の向こうから溜め息が漏れた。

「翔平、車に跳ねられちゃったみたいで」

「……えっ？」

「いや、まだわからないんだけどね。とりあえず今、病院にいるの」

僅《わず》かの間、俊さんは言葉を失ってしまった。

「翔平くん、大丈夫なんですか？」

「うん。それがね……」

意識が無く、重篤な状態だという。

どうしていいかわからなかった。そのあとは、どんな話をしたのか憶えていない。

呆然としたまま俊さんは、受話器を置いた。


——次の日。

俊さんは弟と二人で、翔平の入院する市内の病院へ見舞いに行った。

病室に入ると、ベッドの上では翔平が身体中に包帯を巻いたまま死んだように横たわっている。傍の椅子には、翔平の母親が座っていた。

「意識はまだ戻っていないの」

翔平の母親がそう言った。その表情には、悲愴《ひそう》感が漂っている。

俊さんと弟は、翔平の母親に見舞いの言葉を伝えると、早々に病室を後にした。

その日の帰り道。

「翔平、大丈夫かな?」

俊さんが歩きながら呟いた。

仲の良い友人がこんな状態になってしまったのは初めての経験である。あの日、最後に彼を見たのは自分だ。俊さんは複雑な心境だった。

すると、弟がふと顔を上げた。

「あいつのせいだ」

「え?」

「あいつのせいだよ。家で翔平くんの後ろにずっと張り付いていた人」

――もう、翔平くんの所に憑いちゃってるよ。病院にいたから。

家に帰るとすぐに、俊さんはその話を母親に伝えた。

母親は弟の特殊な能力を知っている。急に真面目な顔になり、弟の前にかがみ込むと

「ちょっと何があったの？」と強い口調で尋ねた。

弟は、翔平の隣に知らない男の子を見たこと、その子がずっと翔平の背後に張り付いていたこと、そしてその子が今日、病院のベッドの横に立って翔平の顔をじっと眺めていたことを語り始めた。

その後は大変だったそうだ。

母親はすぐさま携帯電話を取り出し、翔平の母親へ電話して事情を説明した。

当然、相手はすぐに理解してくれる訳がない。そもそもすぐに理解してくれというのが無理な話だ。携帯電話を握りしめて、母親は真剣に話をしている。表情は硬く、凄い剣幕だった。

「とにかく信じて！　そのままだと絶対に危ないから」

「おかしなこと言っていると思うかも知れないけど、とにかく話を聞いて」

「うちの子が言ってるの。そう。見えてるのよ！」

母親は自分の息子である弟が嘘をついていないことを知っている。もしかしたら俊さんが知っていること以外にも、弟の不思議な能力に確信を持つような出来事が事実として他にもあったのかも知れない。

矢継ぎ早に相手を説得する母親を見ながら、俊さんはそう思った。

4

これは、警察から聞いた話だと云う。

事故があったのは、俊さんの実家から数百メートル先にある坂道だった。

そこは、地元の人がショートカットで使うような道であり、車がぎりぎりすれ違うことができるほどの道路幅である。

交通量は少ない。

見通しも良く、衝突事故が起きる可能性は限りなく低いと思われる。

ここで翔平は、背後から強い衝撃を受けた。

自転車もろとも前方へ跳ね飛ばされ、硬いアスファルトの道路へと弾き飛ばされた。

自転車は、無残なまでに大破している。

車体は波打つように歪《ゆが》められ、ハンドルは大きく捻《ね》じ曲がっていた。タイヤは大きく曲がり、スポークも引き千切《ちぎ》られたように車輪から外れている。自転車の破損部品は道路上の広範囲に飛散していた。

自転車と被害者の飛翔距離から判断すると、車はかなりの速度で衝突したと思われる。

——しかし。

それだけの事故にもかかわらず、道路には自動車のタイヤ痕が一切無かったという。

交通事故の際は、衝突時の衝撃により自動車の車両部品が飛散するため、現場検証により車種を絞り込むことが可能になるのだが、信じがたいことに事故現場の道路には車両部品の破片はおろか、金属片の痕跡すら発見されなかった。

静かな道路をそれだけの速度で走る自動車は、かなり目立つだろう。

当然、警察は目撃情報を募ったが、誰一人として目撃者はいない。

それが判明している事実だった。

今も犯人は発見されていない。

それどころか、交通事故という扱いになったのかどうかも定かではない。

5

これは、母親から聞いた話だと云う。

後日、翔平の親は俊さんの母親に説得され、そこまで言うのならということで御祓《おはら》いをすることになった。俊さんの母親が、信頼できる霊媒師を紹介したという。翔平の親としても、藁《わら》にも縋《すが》る思いだったのだろう。

どれくらいの金額が掛かったかはわからない。病院側へどう説明したかも不明だが、数日後、昏睡状態の翔平が眠る病室に霊媒師が数人のスタッフを連れて訪れた。

立ち合いは翔平の家族だけであり具体的な様子は母親も聞いていないそうだが、それはかなり重苦しい空気の中、長時間に及ぶ御祓いだったという。

そしてその次の日。

翔平の意識は嘘のように戻った。

怪我については完治するまでそれなりの期間が掛かったが、翔平は話ができるほどまで回復し、程なくして退院することができた。

「俺、事故の時、何も見てないんだよ。車なんか絶対に走っていなかった。でも突然目の前が真っ暗になって……。そこまでしか覚えてない」

翔平は、そんなことを話していたという。

翔平に憑いていた男の子は、無事に祓うことができたのだろうか。

俊さんは、今でも心にそんな疑問が残っているという。

6

「翔平さんは、今どうしているんですか?」

私は俊さんにそう尋ねた。

この件で、直接的な霊体験を持つ翔平さんに話を聞きたいと思ったのが純粋な意図である。背後に憑いていた子どもの霊について、彼は感知していたのだろうか。その事故の際に、何か他に感じたことは無かっただろうか。聞きたいことは山ほどあった。

しかし、俊さんは表情を曇らせながらこう答えた。

「それが——今も翔平の行方は、まったくわからないんです」

例の事件から一年後。

二人は中学に上がったが、別々のクラスになり環境も変わったせいか、以前ほど顔を合わせる機会がなくなった。たまに廊下ですれ違うこともあり、挨拶を交わすこともあったが、いつの頃からか言葉を掛け合うこともなくなったという。

そして中学一年の夏。

翔平は、なぜか学校に来なくなった。

翔平の家は五人兄弟だったのだが、兄弟のうち一人が突然病死した。

その後間もなく、母親が一番下の息子と共に自殺。

それは練炭自殺だった。

なぜ、自殺をしたのか。

なぜ、一番下の息子だけを道連れにしたのか。

原因は不明。

残された父親も、ある日突然姿を消し、行方不明となった。

その後、翔平の家族がどうなったかはわからない。

それが事実である。


「そういえば響さん、うちの窓に子どもの足跡が浮かんだっていう話、聞きました?」

「あ、はい。お友達が教えてくれましたよ」

「その写真、見ます?」

俊さんはそう言うとスマートフォンを取り出し、その写真を見せてくれた。

霜が降りたように中心が曇った黒い窓ガラス——そこにははっきりと、裸足の子どもの足跡が浮かび上がっていた。なんとなくそう見えるというレベルではない。小さい足の指の跡まで判別できるほど、足形はガラスの表面に焼き付いていた。

「子どもの足——ですね」

バーカウンターに置いた私のビールは、温《ぬる》くなっていた。

掴もうとすると実体はない。

掴めることのできる事実は、それ以上のことを語らない。

ただ痕跡だけは、こうして残る事実に収められている。

渓谷

「その看板――最初はただの脅しだと思ったんです」

バーカウンターの奥で、拓哉はそう言った。

そこは東京都内の地下にあるクラブ。店長の拓哉とは、もう十五年以上前からの旧知の仲である。私がバーカウンターの前で拓哉と世間話をしていると、「響さん、怪談好きでしたよね。俺も昔、厭な経験したことありますよ」と、彼が奇妙な体験談を聞かせてくれた。


それは拓哉が大学生の頃の話だという。

所属していたイベントサークルの行事で、夏に千葉県のY渓谷へキャンプに行くことになった。

参加したのは男女合わせて十人程度。レンタカーにキャンプ道具一式を詰め込んで都内を出発し、現地付近に着いたのは昼を過ぎた頃だった。

周囲は森に囲まれた山間の道。

その日は快晴であり、陽の光が木々の間から差し込んでいた。車の窓から入り込む風が心地良い。車はさらに森の奥へと進んで行った。渓谷を流れる沢の音が聞こえる。

程なくして車は目的地のY渓谷に着いた。

車を降りると目の前には広い河原が広がっている。サラサラと音を立てながら太陽の光を反射し、緩やかに川が流れていた。空気は清々《すがすが》しく、背筋を伸ばして深呼吸をすると、夏の風が身体に染み込むようだった。

「ここの河原でキャンプしようよ」

「いいね。人もいないし、ここにしよう」

「空気が美味しい」

みんな上機嫌である。拓哉たちは各自の荷物を手に取ると河原の方へと歩き始めた。

すると、友人の一人がふと足を止めた。

「おい、この看板……」

河原の入り口には白い看板が立てられている。

『死亡事故あり！　昨年夏の洪水で二人死亡。河川敷でのキャンプは禁止です』

表面には赤い字で、そう書かれていた。

「何？　ここキャンプできないの？」

「凄く良いロケーションなんだけどなあ」

皆、看板の前で立ち往生してしまった。洪水があったと書いてあるが、見渡す限り綺麗な河原で川の流れも緩やかである。周囲を見渡しても管理者らしき人は居ない。河原の周囲には森が広がっているだけだ。

「死亡事故って書いてあるけど、人を遠ざけるための嘘なんじゃないの？」

拓哉はそう言って嗤った。

「気にしなくていいよ。ここでキャンプしよう」

遠くの空で、夏鳥が鳴いていた――。

河原ではサークル仲間がキャンプの準備を始めている。

それとは別に、拓哉にはもう一つやることがあった。それは、夜に行われる肝試しのルートを探すことである。実は夏のキャンプの定番として夜に肝試しをしようという提案があり、拓哉はその仕切りを任せられていた。

拓哉は、木村という男友達と二人の女友達に声を掛け、四人で車に乗り近隣の散策へと出発した。運転を木村に任せると、拓哉は助手席に座り、ロケハンをする映画スタッフのように周囲を確認していた。後部座席では女性二人が「どのルートが怖いかな」と楽しそうにお喋りをしている。

山道をしばらく進むと程なくして、目の前にトンネルが現れた。

車一台がやっと通れるような狭いトンネルである。

薄暗い木々に覆われるように、それはぽっかりと口を開けていた。

「このトンネル、肝試しには最高じゃない？」

女友達が言った。

「ちょっと行ってみてよ」

拓哉がそう言うと、運転席の木村は車をゆっくりとトンネルの中へと進めた。

内部に灯りは無い。

木村がヘッドライトを点灯する。照らされたトンネルの壁面は、素掘りのため兀々《ごつごつ》としている。歪《いびつ》な形状が不気味に光を乱反射していた。

その時。

すう――と、空気が変わるのを感じたという。

それは気温のせいではない。

何かの気配。

塊のような重い空気が背中をじわりと押してくる。

それは背後からだった。

「おい……」

拓哉は、何かを確かめるようにそう言った。

押し殺していた言葉が漏れてしまったといった方が正しいかも知れない。

「気付かれた――」

運転席の木村が小さな声で呟いた。

どういう意味だろう。

拓哉がそれを訊くよりも先に、木村は突然アクセルを踏み込んだ。

――ブオォン！　と、車が轟音《ごうおん》を立てて急発進した。

何かが起きている。

「おい、どうしたんだよ！」

「いいからちょっと待て。後で話す」

運転席の木村は、一心不乱に前を見てハンドルを握り締めていた。

突風のように車はトンネルを突き抜ける。そしてトンネルを抜けた所にある小さな道路脇の空き地へと滑り込み、停車した。

後部座席の女性二人は啜《すす》り泣いている。

拓哉が運転席を見ると、木村が俯《うつむ》いて呼吸を整えていた。

「何があったんだよ」

「女だ」

「え……？」

「まだいるかも知れない」

木村には昔から、いわゆる霊感と呼ばれるものがあるのだという。取り立てて人に話すことはないが、時々それに悩まされることがあるそうだ。

車がトンネルに入って、ちょうど中間あたりに来た時。

ルームミラー越しに背後を見ると、車のすぐ後ろに何かがいる。

じめじめとした薄暗い空気の中。そこには女が立っていた。

——生きている人じゃない。

木村にはすぐにわかった。

薄汚れた白い服を纏《まと》い、髪の毛は長い。

両手をだらりと垂らして俯いている。

突然。

その女が片手を前に出すと、ぺたぺたとこちらへ向かって走ってきた。

「気付かれた——」

木村がそう呟いたのは、その時だったそうだ。

拓哉は振り返る。背後のトンネルは、枯れた木々の下で静かに口を開けていた。

その暗がりには何も見えない。

「おい、まだその女、いるのか？」

「いや、もう大丈夫だと思う」

木村はそう言うと、顔を上げてこちらを見た。

「でも、肝試しは絶対にやめた方がいい。この渓谷、良い場所じゃないよ」


その日の夜、肝試しの企画は中止になった。当然、他の皆にはこの話はしていない。

「肝試しのルートが見付からなかった」と適当に誤魔化して、今夜は皆で飲もうという話になった。

陽が落ちると、夜の帳《とばり》が静かに下りてくる。

焚き火を囲み、皆で談笑していると、拓哉もいつの間にか昼に遭遇した怪異のことは気にならなくなっていた。缶ビールを片手に隣にいた女の子と喋っている。焚き火に照らされた皆の顔は、とても楽しそうだった。

「おい、拓哉。ちょっといい？」

隣に座っていた木村がそう言った。

「あの二人、やめさせて」

木村は、焚き火の向こう側を指差している。

見るとそこには、サークルの後輩である男性二人が何かを喋っていた。

「あいつらがどうかしたの？」

「あいつら、幽霊の話をしている」

「なんでわかるんだよ？」

焚き火を囲んで広く輪になっているため、向こう側とはそこそこ距離もある。

対岸の話し声までは聞こえない。

「今すぐやめさせないと、本気で危ないから」

強い口調で木村がそう言うので、拓哉は立ち上がると、向こう側にいる男性二人の所へ行った。

「君たち、なんの話してるの？」

「いや、肝試しが中止になったんで怪談話してるんです」

木村の言ったことは本当だった。「せっかくみんなで飲んでるんだから、そんな話はやめてもっと楽しい話しようよ」と、拓哉はそれとなく注意した。

なぜ木村には、この二人が幽霊の話をしていることがわかったのだろう。

釈然としないまま、拓哉は元の場所へと戻ってきた。

「あいつら、本当に幽霊の話してたよ。なんでわかったの？」

——木村は答えない。

焚き火の向こう側、後輩二人を見ている。

いや——その二人の背後にある川の方を凝視しているようにみえた。

「おい、どうしたんだよ」

拓哉はそう言うと、木村の顔を覗き込む。

彼の目は真剣だった。

川の方向から目を離さず、一点をじっと見ている。

そして静かに口を開いた。

「川の中から二人——あいつらに向かって這い上がってきてる奴らがいるんだよ」

揺らめく火影に照らされた二人の背後。

その闇の奥に、川からずぶずぶと這い上がってくる水死体が二つ見えるのだという。

不思議なことに、光のない闇の中でその姿は鮮明に見えた。

そのうち一人は、烈火の如く怒り狂った表情を浮かべている。怪談に興じている後輩二人の方へ手を伸ばし、今にも掴み掛かろうとしているところだった。

「ほんとかよ……」

拓哉はぞっとして、焚き火の向こうの後輩二人を見た。

二人は話題を変えたようだ。サークルの新入生と乾杯をしている。

「もう大丈夫だよ。消えたから」

木村はそう言うと、手に持った缶ビールを飲み干した。

拓哉が止めに入らなかったら、あいつら二人のどちらかは死んでたと思うよ——と、木村が言った。その目はまるで、感情をあえて削ぎ落としたかのように冷酷だった。


「響さん、俺、本当に怖かったんですよ」

ショットグラスにテキーラを注ぎながら、拓哉はそう言った。

「その後、結局どうしたの？」

「河原は危ないってみんなを説得して、ちょっと離れた小高い場所にテントを動かしました。それでも俺、恐ろしくて……。その日はろくに眠れなかったですね」

フロアでは賑やかに人々が音楽に身を委ねている。

「怖いから乾杯しませんか?」

拓哉はそう言うと、私にショットグラスを差し出した。

墓地に立つ女

雨脚《あまあし》は、勢いを増していた。
夜の中を、墓石が通り過ぎてゆく。
それは午前零時を過ぎた頃だったと云う。
広大な墓地の真ん中を貫く道路を、一台の車が走っていた。
道沿いの植栽は手入れされている。
鉤爪《かぎづめ》のような枝を無造作に伸ばした木々が、道の先まで並んでいた。
木の幹は、地面から生える灰色の腕のようにみえる。
数々の墓石――。
それは遠く闇の彼方まで連なり、まるでこちらを見ているかのようだ。
当時小学生だった清田は、車の後部座席からその景色を眺めていた。

なぜか今日は、この道がとても長く感じる。

清田は当時小学生のアイスホッケー・チームに所属しており、週に数回その練習にスケートリンクへ通っていた。スケートリンクの都合により、練習はいつも夕方遅い時間に始まり、終わるのは二十三時を過ぎた時間になる。送り迎えはいつも親が車を出してくれていた。帰り道は、この広大な霊園の道を通る。

ばらばらと雨の音が強くなっていた。

フロントガラスのワイパーが、忙しなく雨粒を左右に掻き捨てている。前では、父親が運転をしながら助手席の母親と他愛もない会話をしていた。

後部座席には、清田が一人。

夜の底まで続くような広い霊園を眺めている。

――それは一瞬の出来事だった。

車道の脇――墓地の縁石の上だと思う。

佇む影が、目の前をすっと通り過ぎて行った。

白装束の女。

髪が腰の位置まで伸びている。

首を垂れて俯いており、顔は見えない。
雨の中、女は闇に浮かぶようにその場所に立っていた。
——見ちゃいけない！
殺気の塊に胸部を貫かれたような衝撃だった。
氷のように冷たい感覚が、背筋から全身へと拡散する。
咄嗟に窓から視線を外らした。
車内は暗い。
父親は黙々と運転している。
ルームミラー越しに、母親と目が合った。
「いるよね……」
母がそう呟いた。
ルームミラーに吊るされた御守りが、ふらふらと揺れている。
後部座席の手前にあるホルダーには、飲みかけの缶コーヒーが置かれていた。
雨の音。
窓の先には、夜の霊園が広がっている。

その女は、すでにもう清田の隣に座っていた。
外にいた時と同じように髪を垂らしたまま俯いている。
膝の上に置かれた両手は、蝋《ろう》のように白い。
女の着物は、豪雨に晒《さら》されていたにもかかわらず乾いていた。

靴紐

駅を降りると、微かに雨が降り始めていた。

空は一面の曇天《どんてん》模様。空気はとても温《ぬる》く、肌に纏《まと》わり付くように澱んでいる。目の前の幹線道路では車が忙しなく行き来していた。それを見下ろすように立ち並ぶ高層マンションが、灰色の空を埋めている。

二〇二〇年六月下旬。

私は二十年振りにこの場所を訪れた。昔、東京の史跡に興味を持つ友人と訪れて以来、二度目の訪問だった。

――そこは東京にあるS処刑場跡地。

当時、私の記憶では此の場所に「ここは慰霊の場なので、遊び半分で見物に来る不届き者は立ち去りなさい」といった旨の立て看板があった。

おそらく夜中に肝試しに来て騒ぐ連中がいたのだろう。確かにその筋では有名な場所である。しかし、今こうしてこの場所を眺めてみると、都会の喧騒の片隅に残る江戸東京の記憶の片鱗が、黙秘するように静かに佇んでいるように思えた。

私の知人が、かつて此の場所で経験したことは、彼の中で未だ拭えない記憶になっているという。

幻覚なのか、現実なのか。

彼はそれを今でも考えることがあるそうだ。

その時彼が見た光景は、今も強い現実感を持って思い出されることがある。ただそれは視覚による認知だったのか、自分の脳だけに刻印された幻像なのか、確証はない。

ただ、その時履いていたスニーカーの靴紐を思い出すたびに、それが幻覚ではないのだということを否応なく突き付けられるような気がして、身震いするほど恐ろしいのだという。

これは、都内でクラブDJをしている淳さんという男性から聞いた話である。

淳さんの地元は東京S区。古い家屋が立ち並ぶ住宅街の一角に、彼の実家があった。

今から二十年ほど前。

高校生の頃、淳さんはスケボーに夢中になっていた。

当時、ストリートカルチャーというものが日本でも大きく流行し始めていた頃であり、スケボーもその一環としてテレビや雑誌で取り上げられることがあった。そうした流れに乗って淳さんもスケボーを始めたそうだが、これが意外に面白く、毎日のように練習していたという。

ある日、スケボー仲間の友人数名で、夜に皆で練習しようという話になった。

場所は、「S処刑場跡地」として知られる寺の敷地。

そこは心霊スポットとしても有名で、九十年代にはテレビのオカルト番組でも頻繁に特集されることもあった。しかし一方で、江戸時代の刑場という史実を今に伝える貴重な史跡として文化的価値のある場所でもある。

そこは江戸時代初期より約二百年にわたり数十万人が処刑された現場であり、火炙《ひあぶ》りや磔《はりつけ》などが行われていた。それらには、残酷な方法で罪人を処刑することで大衆への見せしめとする意味合いもあった。

磔にされた罪人は、まず片方の脇腹から肩へと、槍《やり》で斜め上に貫かれる。

そして今度は逆の脇腹から肩へと、肉と骨を烈断しながら二本目の槍が突き刺される。その時点で罪人はほぼ絶命しているが、その後、数十回にわたり何度も槍は突き刺され、飛散する血液や臓物に塗《まみ》れた死体は凄まじい光景だったという。

その叫び声は辺り一帯へ轟き、近隣の人はさぞ怯えたことであろう。

磔台や火炙り台の台石は、今も敷地の隅に鎮座している。血に塗れた処刑道具や罪人の切断された首を洗ったとされる井戸も、今なおその場所に残ったままだ。

淳さんたちは、夜この場所でスケボーの練習をしようというのである。

ただ、彼らは心霊やオカルトに興味があった訳ではない。今となっては静かな寺の境内である。夜中に人が近付かない場所であり、練習をするにはちょうど良いだろうという理由でそこに集まることにしたという。

——夜二十二時を過ぎた頃。

淳さんたちは、工事現場で使用する円錐形のパイロンを二メートル程の間隔を空けて二つ設置し、その間にプラスチックのバーを架けた。その手前には、木材の板で簡易なジャンプ台を作る。

そして一人ずつスケボーでそのプラスチックのバーへ飛び移ると、その上を滑走するという技を練習することになった。

道路と住宅地に挟まれた一角であり広い敷地ではないが、人通りは少なく、練習するには良い環境である。近くの幹線道路は夜でも車が往来しているため、スケボーの音が騒音になることもない。

夢中になって練習しているうちに、気が付いたら時刻は二十四時近くになっていた。

「そろそろ少し休憩しようかな」と、淳さんが呟いたその時。

敷地の隅。

ちょうど井戸がある場所の草叢に、誰かが立っている。

——子ども?

それは、白い着物を着た子どもだった。

慰霊碑と木々の隙間を隔てて、十メートルほど先の草叢の中。

こちらに背を向けている。

どう見ても古い薄汚れた着物を纏っており、違和感があった。

——こんな時間に、どこの子だろう?

周囲を見ても、親らしき人影は見当たらない。

暗い敷地の端に立つその影は、この現世から切り取られたような異物に見えた。

「おい、あの子ども……」

淳さんがそう言い掛けた時である。

その子どもがくるりと首を回し、こちらを向いた。

感情がすべて削ぎ落とされたような無表情な顔。

力なく開いたその目は、淳さんの方をじっと見ている。

――パツン！

足下で唐突に乾いた音がした。

見ると、右足のスニーカーの靴紐が、ばらばらに切断されている。

交差するように編み込まれた靴紐は、それぞれの交差する箇所すべてにおいて切られていた。

「うわっ」

思わず声が漏れた。

切られた靴紐が、死んだ百足《むかで》の足のように靴の甲で散乱していた。

「淳、どうしたんだよ」

友人の一人が駆け寄ってくる。

「いや、いま俺の靴紐が……」

淳さんが言い掛けたその時。

――パツン！

今度はその友人の片足の靴紐がすべて切れていた。彼は驚いて絶句している。

淳さんは何かに吸い寄せられるように、子どもが立っていた場所を見た。

そこには誰もいない。

子どもは忽然《こつぜん》と消えていた。

辺りには不穏な空気が漂い始めている。

「靴紐――こんな切れ方するか？」と誰かが言ったが、それに答える者はいなかった。

重い沈黙がしばらくの間続いたが「こんなの偶然だよ」と、誰からともなく言い始めると、淳さんたちは気を取り直して練習を続けることにした。

もしかしたら皆、強がっていただけなのかも知れない。

冷静に考えると、靴紐が縦にすべて切断されるという現象は異常といえるだろう。

しかし、淳さんはそれが偶然であると自分に言い聞かせるように、練習に没頭しようと努めた。

そしてそれは、その数分後に起きた。

淳さんが充分な助走を取り、ジャンプ台からパイロンの間に架けられたプラスチックのバーに飛び乗った瞬間。

——パーン！

と、大きな音を立ててそのバーが真っ二つに折れた。

足場を失いバランスを崩した淳さんは、右肩から地面へと落下した。

スローモーションのようにゆっくりと視界が斜めに傾いてゆく。

目線の先には、寺の入り口が見えた。

格子状の木製の扉で閉じられたその入り口は薄暗い。

手前には、低い石段があった。

一段、二段、三段……。それは数えられるほど小さな石段である。

その石段の上に、

——子どもの首が、置かれていた。

草叢に立っていたあの子どもの首……。

その目は、淳さんをじっと凝視していた。

無表情なその顔は、薄暗い影の中でもはっきりと見えている。

そして、強い衝撃と共に視界は闇に覆われた。

――。

「おい、淳、大丈夫か？」

友人が駆け寄る足音が聞こえた。


「幻覚なのか現実なのか、今でもたまに悩む時があるんですよ」

淳さんは、真剣な表情で私にそう語ってくれた。

「でも、靴紐は本当に切れてたんです。それよりも、折れたプラスチック棒の断面が異常なんですよ……」

通常、プラスチックのバーは弾力があるため、相当な力を加えても折れることはない。柔らかく歪みながら、しなる性質を持っている。

しかしその切断面は、鋭利な刀で斬られたかのように不気味なほど美しかったという。

腕時計

霊が見える——というのは、一体どういう知覚の状態なのだろうか。

そこには個人差もあるが、霊体験を持つ人に話を聞けば聞くほど少なからず共通点があり、私にとって未知の知覚状態に対する興味が尽きない。

仮に霊を視覚的に捉えているのであれば、霊が「どこで」視神経に侵入してきたのかという点が一つの論点になるだろう。

人が物を見る際は、目から入った光が、角膜《かくまく》、水晶体《すいしょうたい》、硝子体《がらすたい》を経て伝わり、電気エネルギーに変換されて視神経へと伝達される。霊現象を「光学的な物理現象」と解釈した場合は、そこに霊体と呼ばれるものが物理的に存在し、それが光として角膜に入ってきたと考えることができるだろう。心霊写真や心霊映像が仮に本物だとすると、この解釈が最も近い。

ただし、前述の通り視神経に到るルートは他にもある。角膜や水晶体、網膜《もうまく》に対して直接的に霊のイメージが侵食してきた可能性も考えられる。

一方、そうした器官を経由せず、霊的なイメージを「脳が直接知覚している」と仮定することはできないだろうか。

脳が見た物を知覚するプロセスには、視神経のみならず、その先にある外側膝状体、一次視覚野、二次視覚野、視覚連合野といった脳器官があり、視神経を経由してきた電気エネルギーを、他の感覚器情報と統合して「視野」として脳に認知させるということがわかっている。こうした脳内のプロセスのいずれかにおいて、霊のイメージが（視神経を経由せず）直接脳に視覚的な像として認知されることがあるかも知れない。

私も数多くの霊体験を持つ人に取材を重ねてきたが、どちらかというとその解釈の方が腑に落ちるケースが多い。

私が過去に取材した或る女性は幼少期より霊感が強く、霊が見える時の状態について「頭の中にビデオテープを差し込まれたような感覚」と表現していた。突然、頭の中にイメージが浮上し、生きている人とまったく区別がつかない程はっきり幽霊が見えるという。

興味深いのは、「時としてビジュアルと同時に霊の感情も感じ取ってしまう場合がある」と彼女が証言している点だ。もしかすると霊の映像と感情が同時に、直接脳へと作用しているのかも知れない。

例えばこんな出来事があったという。

彼女が繁華街を歩いている時、ふとスーツ姿の男性とすれ違った。人混みの中、多くの人とすれ違っているのだが、なぜかその時だけ自分の感情が大きく揺さぶられるような感覚に襲われた。

——今の人、ちょっと違う。

そう思って振り返ると、去って行くそのスーツ姿の男性の後頭部は、血塗れの肉塊であり、無残にも頭蓋骨もろとも削ぎ落とされていたという。「事故死した人なんでしょうね」と彼女は語ってくれたが、周りを歩く人には後頭部の無い男性がまったく見えていないように思えたそうだ。

また、別の事例では「霊と思しきものを見た時、それが本当に霊なのか否かを判別する方法を発見した」という女性から話を聞く機会があった。彼女も幼少の頃より霊感が強く、生きている人とまったく区別がつかないほど幽霊がはっきり見えるのだという。

ある日の朝、目が覚めるとベッドの傍に知らない男が立っていた。泥棒かと思い驚いたのだが、どうも様子がおかしい。彼女は視力がとても悪く、コンタクトを外していると視界がぼやけて見えない。その時は寝起きなので裸眼である。

しかし、その男の姿は鮮明に見て取ることができた。

「この人、幽霊だ……」

彼女はその視覚的状態から、それが判別できたという。

それ以来、彼女はコンタクトをやめて眼鏡に変えた。

不可解なものを見た時は、眼鏡を外し、それが鮮明に見えた場合は幽霊だと判別するようにしているそうだ。「結構、便利なんですよ」と彼女は笑って話してくれた。

これらの事例を鑑みると、「霊が見える」とは、脳で直接認知された視野を見ているように思える。これらは主観的な観測であるため、仕組みや正体を掴むことが難しいのだが、それゆえに証言に基づく考察への興味が尽きない。

そしてもう一つ、とても興味深い怪異体験談がある。

音楽事務所でマネージメントの仕事をしている綾乃さんという女性から聞いた話だ。

彼女と会ったのは、東京渋谷にあるライブハウスを兼ねたクラブ。人柄の良さが溢れている笑顔の素敵な女性で、物腰も柔らかく音楽の造詣も深い。

私が綾乃さんと話をしていると、店長が「響さんは、怪談の仕事もしているんですよ」と私を紹介してくれた。クラブで突然そのように紹介されても相手は面食らってしまうのではないかと思い、私は「DJの他にも、怪談を書いたり話したりすることもあるんです」と、慌てて説明を加えた。しかし、綾乃さんは意外にも、「私も一つだけ怖い経験があるんです」と言うと、彼女の身に起きた奇談を語ってくれた。

——それは、彼女が十五歳の頃。

群馬県の実家で遭遇した唯一の怪異体験だと云う。

その日の深夜。

彼女は実家の二階にある自室で横になっていた。いつもはロフトで寝ていたそうだが、なぜかその日は床に布団を敷いて寝ようと思ったそうだ。左側に体を傾けた状態で枕に頭を収め、『サザエさん』の漫画を読んでいた。

長いようで短かった中学校生活が終わり、高校入学までの春休み。夜更かしが続いていたせいか、なかなか寝就けなかった。

時計を見ると、午前三時を過ぎている。

枕元に漫画を置くと、視線の先には窓が見えた。カーテンが少し開いている。

その時。

――かちゃり。と、背後にある扉が開く音がした。

ゆっくりと床を踏む足音が微かに聞こえる。

左の耳を枕に着けているせいか、その音は直接耳元へと伝わってきた。

――お母さん？

最初は家族の誰かが入ってきたのだと思った。

静かな足音は、少しずつこちらへと近付いてくる。

――誰？

そこにいた人影に、彼女は身を硬めてしまった。

知らない女がいる。

その女は、上下共に白いジャージを身に着けており、部屋の中に立っていた。

袖のラインは黒く、ブランド・ロゴがプリントされている。髪は茶色のロングヘアーで、肩まで伸びていた。金色のネックレスをしている。どことなく田舎の不良娘のような印象を覚えた。

「……」

硬直して悲鳴が出ない。

足音はヒタヒタと――確実に部屋の中を歩いている。

そして、寝ている綾乃さんの背後にある勉強机の前で止まった。

――スーッ。と、机の引き出しを開ける音がする。

女はゴソゴソと机の上にある文具や本を触っているようだった。

何かを探しているのだろうか。

「私、その時点では泥棒かと思っていたんです」

綾乃さんは、記憶を手繰るように言葉を続けた。

「確かその出来事の数日前、テレビで『泥棒に遭遇したら抵抗しないこと。気付かれないのが一番』みたいなことを放送してたのを思い出していたんですよ」

恐怖心を抑えるのに必死だったが、ひたすら寝ている振りをしようと身を硬めていたという。しかし、状況が変わったのはその直後だった。

すっ――と、布団が微かに動き、背後から女が布団の中へと入り込んできた。

背中に冷たい感触が伝わる。

そして女は、後ろから綾乃さんに抱き付いてきた。

ガサガサと衣類が布団に擦れる音がする。

女の右腕が、体を包み込むように覆い被さってきた。枕に左耳を当てた綾乃さんの目の前に、白いジャージの片腕がどさりと現れた。

痩せた腕に嵌《は》められた腕時計が、目に飛び込んでくる。

「うわっ……」

微かに声が漏れたが、恐ろしくてそれ以上の声が出せなかった。自分の体が動かないことに気付いたのは、その時だったという。生まれて初めての金縛りだった。

締め付けられるように体が硬まり、寸分たりとも動けない。

氷のような恐怖が一瞬にして全身に襲いかかってきた。

これが金縛りというやつか——と、綾乃さんは思った。

——きっとお母さんか妹が悪戯をしているだけだ。これはお化けじゃない！

不意打ちのように訪れた畏怖に対し、精神的な防衛本能が抵抗したのだろうか。綾乃さんは必死で「これは幽霊じゃない」と自分に言い聞かせていたという。

数分後——微かに冷静さを取り戻し始めた時、ふっと体が解放されたような感覚を覚え、金縛りが解けた。

ばさりと布団を跳ね除けると、綾乃さんは飛び起きて部屋を見渡した。

——誰もいない。

「あのジャージの人……誰？」

そう言葉を発している自分の思考の矛盾に気付いたのは、その直後だった。

——どうして見えたんだろう？

ジャージ姿の女が立っていたのは、はっきりと憶えている。

茶髪のロングヘアー。

白のジャージ。

金のネックレス。

袖にプリントされた黒のラインとブランド・ロゴ。

その女は間違いなく、寝ていた綾乃さんの背後にいたはずだ。

抱き付かれたのも後ろからである。

背後にあるものを、目で確認することはできない。

しかし、ディテールの記憶を辿れるほど鮮明に、その姿を綾乃さんは見ていたのだ。

「本当に不思議な感覚でした。見たのは腕時計だけなのに、はっきりとその女性の姿形を覚えているんです。自分が見たのは幽霊だったと気が付いたのは、その時でした」

綾乃さんは小さく肩を竦《すく》めると、そう言った。

そして奇談は、綾乃さんが幽霊を見たその翌日へと続く。


——明けて次の日。

友人から一本の電話があった。

「今日の新聞読んだ？　綾乃の家の近くの交差点で、交通事故があったでしょ」

実家のすぐ近くにある交差点で、前日の深夜に自動車事故があったという。

車に乗っていたのは十六歳前後の若い男女四人。無免許運転による事故で、車は路肩に激突して大破した。死亡したのは十六歳の女性。深夜に無免許運転をしているということは、地元の不良グループと連んでいた女性なのだろう。

事故が発生したのは、深夜三時過ぎ。

——それは、綾乃さんが怪異に遭遇した時刻と一致していた。

「亡くなった女の子は、きっとまだまだやりたいこともたくさんあったと思うんです。同世代の私の所へ、引き寄せられるように何かを伝えに来たのかも知れません……」

綾乃さんは、静かな口調でそう言った。ただ、亡くなった女性を不憫《ふびん》だと思う反面、やはり「幽霊を見た」という衝撃はしばらくの間、綾乃さんを悩ませたという。

それ以降、綾乃さんは数週間、事故現場の交差点を通ることができなかった。

その後、落ち着いた頃に事故現場へ赴き、静かに手を合わせたそうだ。

「あれ以来、こんなに怖い体験はしていません。今でも鮮明に覚えています。ただ、可哀想だと思うのに、怖いと思う気持ちが勝ってしまうのが申し訳ないんです」

私は、とても正直な言葉だと思った。

ちょうど話を聞き終えた頃、クラブの店長がショットグラスを持ってきて「乾杯しましょう」と我々を誘ってくれた。ステージでは次のＤＪがギグを始めている。低音が心地良い。パーティは良い雰囲気で続いていた。

乾杯をした後、綾乃さんが少し照れたような表情で私にこう言った。

「誤解のないように伝えないと、亡くなられた女性に申し訳ないような気がして……。話が長くなってすいません」

私は、彼女にお酒を御馳走しようと心に決めた。

四階の部屋

「人が本当に取り憑かれた時の状態って――知ってます？」

恵子さんはそう言うとバーカウンターにグラスを置き、姿勢を正した。

「本当にぞっとしますよ……」

私がこの話を恵子さんから聞いたのは、二〇一九年六月。

深夜、知人の経営しているＤＪバーで飲んでいた時のことだ。店長が「響さん、怪談好きですよね。この人怖い話あるらしいですよ」と紹介してくれたのが恵子さんだった。

とても気さくな人柄で、明るい笑顔が印象的な女性である。その日は友人と二人で飲んでいたようだ。

「私が二十五歳の時の話なんですけどね――」

当時、恵子さんは結婚を前提に交際していた彼氏がいたという。

順調に交際が続いている中で、彼氏から同棲の話を持ち掛けられた。

「俺の親が中古マンションを一棟買ったんだけど、四階の部屋が空いてるみたいなんだよね。そこで一緒に住むっていうのはどうかな？」

マンションの一棟買いというと莫大な資金が掛かったように思えるが、彼氏の両親は古い四階建ての低層マンションを購入したとのこと。都内で同規模のマンション一棟の価格相場と比較しても、かなり手頃な値段だったらしい。

入居者はほぼ全室埋まったそうだが、四階の一室だけが空いたままになっている。家賃も優遇してくれるみたいだから、そこで二人で暮らすというのはどうか――という提案だった。

恵子さんは、純粋にとても嬉しかったという。

母親に相談すると「結婚前に一度、二人で暮らしてみるのもいい勉強になるんじゃない」と後押ししてくれた。恵子さんはさっそく彼氏に話をして、同棲の準備を進めることにした。

「あの部屋、一人死んでるらしいよ」

彼氏がいつもと変わらない平坦な口調でそう言ったのは、二人で買い物をしている時だった。彼氏は霊の類《たぐい》をいっさい信じない。むしろ、オカルト的な話については非科学的だと嫌悪している。

「それ、本当？」と、恵子さんが怯えながら訊いた。

「うん。親がマンションを購入した時に、売り手から教えてもらったみたい」

死亡者が発生した物件においては告知義務が生じるのだが、不動産価値に影響するため申告したがらない売主も多い。ただ、彼の親は重要事項説明として、売主から前入居者が死亡している旨を告知されたという。

「それって事故物件ってことだよね……。やばくない？」

「なんで？　死体がまだ放置されているなら問題だけど、もう片付けられてるし」

幽霊やオカルトを信じないスタンスゆえなのか、相当ドライな性格である。彼には、心理的瑕疵《かし》という概念が無いらしい。

一方、恵子さんは頭を抱えてしまった。

「どうしよう。彼と一緒に暮らしたいけど……」

恵子さんは中学生の時に一度、女性の幽霊を見たことがあるのだという。それ以来、不穏な場所に行くと霊障なのか体調を崩すことが多々あった。

「あの部屋で、嫌なもの見ちゃったらどうしよう」

恵子さんは思い切って母親に相談することにした。すると冗談なのか本気なのか、母親は「お化けがいたとしても元は人間でしょう。引っ越しした時に挨拶すれば何も悪いことしないわよ」と、笑いながら言った。恵子さんは半信半疑だったが、そんな明るい母親の言葉を聞いていると「少し自分が考え過ぎなのかも知れない」と思うようになり、引っ越しを決意したという。


――引っ越し当日。

恵子さんは新居となる部屋の扉を開けた。

玄関に立ち、姿勢を正すと「これからここに住ませて戴きます」と、母の助言通り挨拶をした。彼氏が「お前、誰と喋ってるの？」と、怪訝そうに尋ねる。

「ここで人が亡くなっているんでしょ？　もし幽霊になっているなら、挨拶しておいた方が良いと思って」

恵子さんは、半分冗談のように笑顔でそう言った。

しかし、彼氏の受け止め方は違ったらしい。

「はぁ？　お前何言ってるの？　幽霊なんているわけないだろ。馬鹿にしてんの？」

彼の表情が豹変し、険しい顔で怒り始めた。「幽霊なんて絶対に有り得ねぇから。うちの親が買った物件にケチ付けんのか？」と、眉間《みけん》に皺《しわ》を寄せこちらを睨んでいる。ここまで彼の逆鱗に触れるとは恵子さんも想定していなかった。

「ごめんなさい。そうだよね。幽霊なんているわけないよね……」

恵子さんは必死に彼氏を宥《なだ》めた。

それ以来、幽霊の話はいっさい彼にはしないでおこうと心に決めた。


部屋の奥へと入る。

「何？　この臭い……」

恵子さんがまず気になったのは、強烈な異臭だった。

それは、腐敗臭のような臭いというより、異臭を化学薬品で無理矢理捻じ伏せたような濃度の高い臭気で、吐き気を催すような悪臭だった。

これはやばい——と思ったが、もうここで暮らすしかない。

「とりあえず毎日換気して掃除しよう」

恵子さんは、引っ越し後から毎日、執拗なまでに部屋の掃除をしたという。

それでも生活をしていると、部屋に残留する不穏な空気に気を奪われることがある。

「私には何も見えません。こちらに来られても助けてあげられません」

いつしかそれが恵子さんの口癖になっていた。

もちろん、彼氏の前では絶対に口にしない。当時、彼氏は夜の仕事をしていたため、夜は恵子さん一人になることも多かったのだが、そんな時は呪文のようにその口癖を呟き、塵《ちり》一つ無くなるまで部屋の掃除をしていたそうだ。

そして一ヶ月が過ぎた頃。

相変わらず異臭は残っていたが、掃除の甲斐あってかそれも徐々に薄まってゆき、少しずつ気分も和らいでいった。不穏な気配を感じることも無く、生活は安定したかのように思えた。


ある日の夕刻。

恵子さんは台所で夕食を作っていた。

彼氏は仕事で不在であり、家には恵子さん一人。

台所は壁に向かって設置されており、背後にはダイニングテーブルが置いてある。恵子さんは黙々とキャベツを千切りにしていた。静かな部屋で、トン、トン、トンと、包丁の音が響いている。

それは気配という言葉では説明ができない。

不可解だが、それは物理的な質感を帯びているのだ。

恵子さんの右斜め後ろ。視界の端。

――そこに何かが間違いなく立っている。

不自然な陰影が人の姿を纏い、そこに存在していた。

見間違いだろうか。恵子さんはそう思ったが、視線の右端に意識を集中して確認しても、それは絶対にそこにいる。

これほどまでの恐怖は初めてだった。

――やばい、いる。

その人影から強い圧力が発せられているような気がして、恵子さんは硬直した。

うう……。

右の耳元で、泥が混じるような低い唸り声が響いた。

ふと視線を右に寄せると、自分の顔を覗き込む黒い顔がそこにあった。

「ひっ！」

弾かれたように顔を逸らすと、恵子さんは万力のように強く目を閉じた。

煤《すす》のような皮膚に能面のような表情。塗り潰したように黒い眼球。

目を閉じても脳裏に焼き付いたその顔が、瞼《まぶた》の奥で自分のことをじっと見ていた。

——気のせいだ気のせいだ気のせいだ……。

心の中で何度も何度も自分に言い聞かせる。全力で意識を逸らすことに必死だった。

おそらく二、三分だっただろうか。随分と長く感じたが、しばらくするとその気配はすうっと消えた。ゆっくりと目を開けると、そこには誰もいない。

小さなキッチンでぽつりと恵子さんが立ち尽くしているだけだった。

それが初めての実体を持った怪異だったという。

その後、その部屋では同じ現象が何度か続いた。

その人影が現れる時は死ぬほど怖い感覚に襲われるのだが、どうしても彼と同棲を続けたい恵子さんは、なんとか耐え忍びながら生活を続けた。

しかし、その後なぜか彼氏との関係は急激に悪化した。それまでは気にならなかったお互いの癖や習慣が嫌悪感を伴って目につくようになり、口論が絶えなかった。

結局、同棲して一年を待たずして、恵子さんはその家を出ることになったそうだ。


――半年後。

もしかするとこれは、男女間でのよくある話なのかも知れない。

恵子さんは彼氏の家を出たものの結局彼との関係は切れず、ずるずると悪縁が続いていた。きっぱりと別れた方が良いことは恵子さんもわかっている。しかし、彼への情が捨てきれず、惰性の関係を続けるような状態に陥っていた。

彼の異変に気づいたのは、久しぶりに彼の部屋を訪れた時である。

その日、恵子さんは部屋に放置していた私物を取りに彼の住むマンションを訪れた。

「ちょっと！　どうしたの……」

部屋に入った途端、恵子さんは呻《うめ》くように言葉を漏らしてしまった。

あの異臭が完全に元に戻っている。

それどころか、さらに強烈な腐敗臭と化学薬品の臭いで部屋中が蒸しているようだ。

部屋中にゴミ袋が散乱していた。

食べ残しが付いた弁当ガラ。油に塗れた揚げ物の包装紙。汚れた割り箸。そして、山積みになった酒類の空き缶。台所には汚れた食器が放置されている。

小蠅《こばえ》の羽音がノイズのように鳴っていた。

足の踏み場もないほどに汚れた床を、ゴミを掻き分けて奥へと進む。

薄暗い部屋の真ん中——ゴミ袋に埋れるように、俯いて座る彼の後ろ姿が見えた。

「大丈夫……?」

恵子さんは恐る恐る尋ねたが、返事はない。

「置いてた私の荷物、持って行くね」

彼は微かに首を縦に動かすだけだった。

人づてに聞いた話だが、その時すでに彼は鬱状態にあり仕事を辞めていた。退職後いくつか転職をしたそうだが長続きせず、アルコールに溺れながら家に引き籠っていたという。

それでも恵子さんは情に引き摺られ、彼と別れることができなかった。

それから約一ヶ月後。

彼と電話をする機会があった（用件は覚えていない）。

ただ、些細な言葉の言い回しに彼が気分を害したらしく、突然怒り始めた。「お前、俺のこと馬鹿にしてるだろ」と捲《まく》し立てる彼に対し、恵子さんも自堕落な彼には辟易としていたため、「あなたが酒ばっかり飲んでるからダメなんだ」と言い返す。

結局、激しい口論になってしまった。

「俺のどこがダメなんだよ」

「まずは部屋の掃除くらいしなさいよ。ゴミだらけじゃない」

「俺の部屋に文句あんのか？」

「あなたの部屋、酷《ひど》い臭いだよ。そんな所にいたら絶対ダメだから」

「はぁ？　臭いがなんだよ。俺の勝手だろうが」

「臭いだけじゃないから。あんたの部屋はね――」

――思い切って、今日ここできっぱり彼とは別れよう。

恵子さんは、そう覚悟を決めた。

彼の逆鱗に触れると思い、ずっと口を閉ざしていた彼の部屋での怪異。
その部屋に蠢《うごめ》いている黒い人影。
それを言うと彼は絶対に激怒する。
しかし、今日はそれをすべて吐き出そうと思った。もうどうなってもいい。
「あなたの部屋はね——幽霊がいるのよ」
……。
ところが。
彼は逆上して怒り出すようなことはなかった。
数秒間の沈黙の後。
電話の向こうで、彼は言った。

——そんなこと知ってるよ。

もはや彼の声ではなかった。
地の底から絞り出されるかのように低く割れた声色で、彼は言葉を続けた。

――三人死んでるから。ここで。……ほら、さんにん。


恵子さんは心臓が凍りつくほど恐怖した。

もうそこにいるのは彼ではない。

彼に対する情や憂慮なんかどうでもいい。

そこにあるのは徹底的に純化され、研ぎ澄まされた恐怖だけだった。

携帯電話の通話終了ボタンを押した後も、しばらく手の震えが止まらなかったという。


「それ以来、もう彼に会うことはなくなりました。その後のことは、わかりません」

恵子さんは、カウンターに置いたグラスに手を添えた。氷は溶けている。

「響さん、それにしても未だに私、気になっているんです」

「……彼の言っていたことですか?」

「はい」

恵子さんは、真顔のまま視線を上げた。

「私、引っ越しを決めた時に、マンションの契約書を見せてもらっていたんです」

おそらく、重要事項説明書のことだろう。売主が契約者に告知すべき事項が記載された書類である。本来は売買契約時に使用されるものだ。

はっきりと憶えているんですけどね——と、恵子さんは語気を強めた。

「そこには、前入居者の死亡は『一名』としか書かれていなかったんです」

風船

「その女性は――人がいつ死ぬか、わかるんです」

積み上げられたスピーカーの前で、千田さんはそう言った。

オープン前のクラブでは、ＤＪやスタッフが機材のチェックをしている。

そこは関東某所の老舗クラブ。

七十年代から営業しているその店は、全盛期のディスコから最先端のクラブ音楽まで、時代と共に移りゆく音楽シーンを彩りながら、地元の音楽愛好家にも慕われる名店である。黒を基調とした内装と、天井のミラーボール、剥き出しの配管は、長年にわたりこの場所で数多くの音楽がプレイされた痕跡が染み込んでいるようだ。

数年前、私はこのクラブのイベントにゲストＤＪとして出演する機会があった。

イベントのオーガナイザーで、ＤＪでもある千田さんとは旧知の仲である。

「響さん、怪談好きでしたよね？」

オープン前の準備をしている時、千田さんが奇異な話を聞かせてくれた。


その女性は、千田さんの知人だと云う。

彼女には、人の死期がわかる能力があった。

最初は自分にそんな力があるとは思っていなかったらしい。

幼少の頃――いや、物心付いた頃から、彼女には見る人すべての頭の上に、風船のような丸い球体がふわりと浮いているのが見えていた。

大きさは人によって違うらしい。

小さな球体を浮かせる人もいれば、大きな球体を持つ人もいる。

最初はそれが何を意味しているのかわからなかった。というより、人にはすべて頭上にそうしたものが浮いているものだと思っていたそうだ。

彼女が幼稚園か小学校に上がる頃。

家の近所を歩いていると、隣に住む男性とすれ違った。「こんにちは」と声を掛けながらふと彼の頭上を見ると、浮遊する球体が小さく萎《しぼ》んでいる。

だらしなく空気が抜けて萎《しお》れた風船のように、それはゆらゆらと頭上で揺れていた。

そしてその隣人は――三日後に突然亡くなったという。

原因不明の急病だった。

それ以来、彼女は人の頭上にある風船を気にするようになったそうだ。

風船の大きさは人によって異なるが、風船が萎んでいる人は必ず数日後に死亡する。

それは、例外の無い事実だった。

――自分には、死にそうな人がわかる。

のちに考えると、それは奇妙なことであるが、彼女にとっては当たり前の感覚だった。

萎れた植物を見た時に「元気がなくてもう死んじゃうのかな」と思うのと同じようなものだ。幼少の頃よりそれが見えていたのなら、そういう認識になるのかも知れない。

ある日、母親と一緒に近所のスーパーへ買い物に行った時、そこで見掛けた男性を見て「お母さん、あの人もう死んじゃうよ」と言った。

「何言ってるの。そんな訳ないでしょう。失礼なこと言っちゃいけません」

そう窘《たしな》められた時に、自分が他の人と違うということに気が付いたという。

その男性は近所に住む人だったが、数日後に死亡した。

「その女性は、今も人の頭上に風船が見えるんですか?」

私は千田さんにそう訊いた。

「いや、今はもう見えないらしいんです」

大人になると能力が消えたということですかと私は尋ねたが、どうもそういう訳ではないらしい。千田さんは少し眉を顰《ひそ》めて言葉を続けた。

「その女性は、ある出来事がきっかけで人の頭上をあえて見ないようにしたそうなんですよ。そしたらいつの間にか、その風船は見えなくなっていたそうです」


――それは、彼女が高校生の頃だったという。

法事か冠婚葬祭か詳細は憶えていないが、親戚が集まる会合があった。

そこに嫌いな親戚の叔父が居るのが見えた。

その叔父はことあるごとに小言を言い、押し付けがましい持論を口煩《うるさ》く言う人だった。顔を合わせると必ず嫌味を言ってくる。

彼女はその叔父に辟易《へきえき》していた。

――あいつ、いなくなればいいのに。

その叔父を見ながら、ふと彼女はそう思った。誰しもが口にする愚痴のようなものである。女子高生が嫌いな先生の悪口を言うように、何気なく思い付いた他愛もない呟きだった。

そして彼女は、心の中で彼の頭上にある風船に両手を伸ばし、ぎゅっと強く握り潰すようなイメージを想像した。

次の瞬間――、彼女は驚いて絶句した。

叔父の頭上に浮遊する風船が、みるみるうちに萎んでいく。

まるで空気が抜けるように、形をぐにゃりと歪ませながら小さく凹《へこ》んでいった。

潰されたビニールのような残骸。

ゆらゆらとそれは、叔父の頭上に浮遊している。

叔父は、一週間後に死亡した。

彼女は心底恐ろしくなり、それ以来、人の頭上を直視することができないという。

夕刻の風景

部活を終えて帰路に就く頃には、夕陽が遠くの空を茜色《あかね》に染めていた。

一朗はサッカー部に所属している。

中学二年に上がると後輩も入り、一段と練習に熱が入るようになっていた。

心地よい疲労感と共に、彼は自宅に着くと玄関の扉を開ける。

その時間、両親はまだ仕事から帰っていない。

靴を脱いでリビングに入ると、座卓の傍に置かれた座布団に祖母が座っていた。

「ただいま」

一朗がそう言うと、祖母はにこりと微笑む。

西日が窓から差し込んでいて、部屋は優しい焔《ほむら》色に満たされている。

「今日は学校かい？」

「うん。放課後は部活だったけどね」

祖母は、機嫌が良さそうだった。何か良いことでもあったのだろうか。

正座した足に両手を重ねて置き、優しい笑顔を湛えている。

「お母さん、まだ帰ってないよね？」

「そうだね。今日はお前が一番最初に帰ってきたよ」

他愛もない会話を交わし、一朗はリビングを横切ると自分の部屋へと入った。

背負っていたリュックを下ろし、学生服を脱ぐと部屋着に着替える。

リビングに戻ると、祖母がいなかった。

座卓の傍の座布団だけが、ぽつりとそこに残されている。

——あれ？　お祖母《ばあ》ちゃん、どこに行ったんだろう。


その日の夜。

両親と夕食を食べながら、祖母の話をしようとした。

「今日お祖母ちゃんがね……」

そこまで言い掛けて一朗は気付いた。

祖母は、自分が生まれる前に亡くなっている。
もちろん顔を見たことはない。
でもあれは——間違いなく自分のお祖母ちゃんだった。
母親がこちらを見て「お婆さんがどうしたの？」と尋ねる。
「ううん、なんでもない」
家族三人の食卓では、テレビが今日のニュースを伝えていた。

読経

由美さんが結婚したのは十八歳の時だった。

埼玉県M市に他界した祖父の別荘がある。

そこを夫婦の新居にしようという話があり、二人で見に行くことにした。

その別荘は、木造の一軒家。川の傍に建つ二階建ての家屋だった。

間取りも広く綺麗に管理されていたため、新婚夫婦が暮らす家としては申し分ない。

「なかなか良い家じゃない」と二人で話しながら、由美さんと夫は上機嫌で家の中を見て回っていた。――二階へ上がる階段を見つけるまでは。

廊下の先にあるその階段には、微かに埃が覆っていた。

見上げる先には、暗い二階の廊下が見える。

――何これ。絶対上がれない。

階上に見える暗闇は、意思を持っているかのように立ち塞がっている。

由美さんは、異常な恐怖心に襲われた。理由はわからない。

それはまるで「来るんじゃない」と恫喝《どうかつ》しているようだった。

「由美、上がらないのか？」

その場に立ち竦《すく》む由美さんを残し、夫は階段を上り始めた。

ぎぃ、ぎぃ、ぎぃ――と、古い踏板が苦しく唸るような声を上げている。

後《のち》に夫が言うには、「突然音が消えて、風景の色が無くなった」そうだ。

階段を半分ほど上った時、空気がガラリと豹変するのを体感したという。

気が付くと、あらゆる感情が排除されて刃物のような恐怖だけが残った。夫は反射的に階段を駆け下りると、ここの二階はどうなっているのだと震えながら言った。

その家の内見を終えて、外に停めてある車に戻ってきた時。

なぜか二人は、まったく同じタイミングで二階の窓を見た。

そこには誰もいない。

しかし、間違いなく何かがいる。

「怖いから早く車のドア開けてよ！」

由美さんは、車のドアノブに手を掛けながらそう叫んでいた。

その家に、二人が暮らすことはなかった。

1

私が由美さんと会ったきっかけは、友人の紹介である。

その友人はクラブＤＪの傍らスポーツ・ジムの経営をしているのだが、怪談蒐集をしている私のために、近しい人に怪談奇談がないか情報収集をしてくれることがあった。

彼から「響さんに紹介したい女性がいる」と連絡を受けたのは、二〇二〇年六月のこと。仕事仲間の配偶者が、稀有《けう》な霊体験を持っているという。さっそく私は彼に面会の場を設けるよう依頼し、渋谷の飲食店で由美さんと会うことになった。

由美さんの年齢は二十代後半。彼女は幼少の頃より、幾度となく不思議な体験をしている。細かい体験談を含めると枚挙に遑《いとま》がない。あまりにも多くの幽霊を目撃するため、自分でも少し慣れてしまったところもあるそうだ。

そんな由美さんには、今でも強く印象に残っている怪異体験があるという。

それは、彼女が小学校四年生の時。

祖父の邸宅が東京都墨田区に在り、週末は家族で泊まりに行くことになっていた。

そこは邸宅というより、六階建てのビルになっている。祖父は会社経営をしており、一階から四階までは会社のオフィス、五階と六階が祖父の家である。ビルの屋上には、小さな稲荷《いなり》神社が在った。なぜそこに在るのか、由来も不明だが、由美さんはその祠《ほこら》がどことなく恐ろしかったそうだ。

そしてもう一つ――、祖父の家に和室があったのだが、彼女はそこが無性に怖かったという。正確に言うと、和室に置いてあった日本人形が奇妙な恐怖心を彼女に植え付けていた。

その日本人形は、誰が持ち込んで、いつからそこに在るのかわからない。

彼女が物心付いた頃からそこに置いてあり、見るたびにこちらを射抜くような冷たい視線を放っていた。その人形が置かれている和室は、六階の寝室に隣接しており、由美さんは絶対にそこには近寄らないようにしていた。

ある週末の夜。

六階の寝室で、祖父と祖母、そして由美さんの三人がベッドを並べて眠っていた。

由美さんは部屋の入り口に近い場所に寝ており、隣には祖母、そして部屋の奥には祖父が横になっている。祖父のベッドの傍にはテレビが置いてあり、その手前には木製のロッキングチェアがあった。ロッキングチェアとは、脚の部分に緩やかなカーブのある板を二本取り付けた椅子で、座ると前後に揺れる造りになっている。

——それは、真夜中の出来事だった。

テレビが点いている。

由美さんは、ふと目を覚ました。

暗い部屋の中で、テレビの灯りだけがぼんやりと空間を照らしている。

——寝る前にテレビは消したはずなのに……。誰か、起きてるの？

首を少し擡《もた》げて、彼女は部屋の中を見た。

テレビの前にあるロッキングチェアが目に入る。

すると突然——、そのロッキングチェアが揺れ始めた。

微かに軋《きし》む音を立てながら、それはゆらゆらと揺れている。

誰も座っていない。

「……」

由美さんが絶句して椅子を見つめていると、次の瞬間、信じられないことが起きた。

椅子に、見知らぬ老婆が座っている。

いつの間に現れたのだろうか。その老婆は肘掛に手を置き、こちらに背を向けて座っていた。赤い水玉の寝巻きを着ている。

――誰？

由美さんがそう思った直後。

その首がくるりと回転し、こちらを見た。

その顔は影に覆われて判別できない。口元だけが浮き上がったように見えている。

――やばい、見ちゃった。どうしよう……。

由美さんは、心臓を掴まれているような緊張感の中で為す術もなく硬まっていた。

老婆は、椅子から立ち上がり、寝室の入り口へと歩き始めた。

その先には、あの和室がある。和室の扉の前で、老婆はぴたりと立ち止まった。

こちらを向いた老婆の顔は、屍蝋《しろう》のような色をしている。

「一緒に行こうよ」

老婆はそう言うと、手招きをし始めた。嫌だ——と、由美さんはかろうじて答える。

「ねえ。一緒に行こうよ」

「嫌だ。絶対に嫌だ」

「いいから。ねえ、一緒に……」

徐々に老婆の口調が強くなってきた。

「こっちに来なさい」

「……」

「なんでこないの」

「嫌だ」

「いいから、こっちに来なさい」

「……」

「こっちに来いよ！」

あまりの恐ろしさに由美さんは目を瞑《つぶ》ると、両耳を両手で塞ぎ「あー」と声を出しながら息を吐いた。昔から幽霊の類を見た時は、そうして気を紛らわす癖があったのだという。

目を閉じて必死に恐怖に耐えていると、しばらくしてふと気配が消えたような気がした。微かに流れるテレビの音。それ以外には物音一つしない。

もう大丈夫かな？　と気を緩めた瞬間だった。

――老婆が由美さんの両足をぐいと掴み、布団から引き摺り落とそうとし始めた。

「嫌だ！」

由美さんは、咄嗟に頭上にあるタンスの引き出しの取手を掴んだ。しかし、老婆はさらに力を込めて彼女の足を引っ張ってくる。引き摺られる体と共に、ガラガラと引き出しが開き、中の物が床にこぼれ落ちた。

「助けて！」

絶叫して隣に寝ている祖父と祖母を起こそうとしたが、二人とも眠ったままぴくりとも動かない。まるで膜を隔てて別の世界に居るかのようだった。

歯を食い縛りながら全身に力を入れて抵抗を続けていると、老婆はふと手を離した。

目の前に立ちはだかるその影は、凄まじい威圧感を漂わせている。

老婆はそのままゆっくりと部屋の奥へと移動し、寝ている祖父の前に立った。

「お前が一緒に来ないなら、こいつを連れて行くからな」

そう言うと老婆は、上体を屈めて祖父の顔を覗き込んだ。

ぶつぶつと何かを喋っている。低く唸るような声――。

しばらくすると老婆は姿勢を戻し、そのまま例の和室の方へと消えていった。

2

由美さんが次に気が付いた時には、すでに夜が明けていた。

いつの間にか気を失っていたのだろうか。

時計を見ると、朝六時を過ぎている。

周りを見渡すと、祖父も祖母も居ない。部屋には由美さん一人だった。

下の階から、母親の声が聞こえる。由美さんは飛び起きると急いで階下へと走った。

階段を下りた先にあるリビングでは、祖父がソファーに寝かされている。高熱を出しており、祖母と母親が介抱している状態だった。

張り詰めていた緊張が、ぷつりと切れたように由美さんは泣き喚いた。

「知らないお婆さんに足を引っ張られた。怖い。もう嫌だ！」

ぼろぼろと涙を流す由美さんに、家族は驚いていた。

由美さんはそのまま担がれるように御祓いに連れて行かれたという（祖父はその後タクシーで病院へと向かい、数日後には解熱した）。

由美さんが連れて行かれた場所は、祖父が檀家となっている某宗派の寺院。

本堂に担ぎ込まれると、僧侶らしき男性が「すぐに御祓いします」と言い、何やら準備を始めた。

由美さんは祭壇の正面に座らされると、大きな笠を被せられた。その笠の頭頂部には皿のようなものが付けられている。僧侶は「熱いけど、この笠を被っていなさい」と言うと、頭頂部の皿に線香を立てて火を灯した。

ところが、僧侶の読経が続く中で、由美さんは不信感を募らせていた。

——まったく効果が無いように感じられたのである。

幼少期より霊体験を多数持つ由美さんには、霊障が訪れた時と離れていく時の感覚というものを少なからず感じ取れる経験則のようなものがあった。いま目の前では僧侶が必死に読経を続けているが、それが滑稽に思えるほど、自分に憑いた霊的な重みというものが消える気配が皆無だったという。

そして案の定。

御祓いを終えた後、まるで火に油を注いだかのように霊現象が多発することになる。

次の日、夜寝ていると誰かに肩をぽんぽんと叩かれた。

「由美ちゃん。起きて起きて」

囁《ささや》く女性の声が耳に入ってきた。

目を開けると誰もいない。

むくりと体を起こすと、後ろから誰かが自分の肩を叩いてくる。

振り返るとそこに知らない女が立って嗤《わら》っていた。

精神的に疲弊する状態というのは、時として身体的なダメージを凌駕する。

その夜の霊現象を皮切りに、連日連夜、由美さんは怪異に苦しめられた。しかも、ビジュアルを伴う霊体験である。大抵の幽霊は、程なくして消え去る者がほとんどであるが、目の前に現れた瞬間は心臓が止まるかと思う程に驚愕するため、由美さんは日に日に心を弱らせていった。

そして数日後、彼女は精神的苦痛に我慢できなくなり、親に相談することにした。

「もう一度ちゃんと御祓いしよう」

親も状況を理解し、さっそく最初に御祓いを受けた寺に連絡を取ると、二度目の御祓いをする手筈となった。しかも、前回御祓いを行った僧侶ではなく、除霊についてより専門性の高い僧侶を招聘した上で、本格的な除霊を取り仕切るという。

場所も寺ではなく、由美さんの実家の一室。その方が、もし家に霊が憑いていた場合に対処がしやすいとのこと。すべての準備が整い、由美さんの家で除霊が行われることになった。

——そして事件は、この日に起きることになる。

3

「除霊の間は、絶対に喋ってはいけません」

儀式を取り仕切る僧侶が、厳しい口調でそう言った。

そこは由美さんの実家にある彼女の自室。

四畳半ほどの広さの洋室だが、ポスターなど壁に貼ってあるものはすべて剥がされ、窓を含めた壁全面に隅々まで黒い幕が貼り付けられていた。

僧侶が言うには、絶対に光を入れてはいけないそうだ。

部屋に入ることを許されたのは、由美さん本人と母親のみ。

僧侶と一人のスタッフが、その部屋で由美さんを徹底的に除霊するという。

その日、祖父と祖母も駆けつけてくれたのだが、除霊を行う部屋に入ることを禁じられていたため、二人は部屋の隣にあるリビングで待機していた。

除霊を行う部屋には二本のマイクが設置されている。そこで拾われた音は、そのまま部屋の外に置かれたスピーカーから鳴るようセッティングされていた。部屋の外にいる祖父母にも、除霊の音声が聞こえるようにという配慮らしい。

祭壇らしき棚が用意され、そこに蝋燭《ろうそく》や線香、木剣や念珠といった仰々しい道具がずらりと並べられている。

厳粛な空気の中、除霊は静かに始まった。

小さな蝋燭の炎が、暗い部屋の中でゆらゆらと揺れている。

低く重厚な声で、僧侶が念仏を唱え始めた。

由美さんは母と二人で正座して目を閉じ、手を合わせている。

念仏の声は、延々と続く地鳴りのように彼女の耳に鳴り響いていた。

しばらくして、隣に座る母親が、とんとんと由美さんの足を突ついた。

彼女が目を開けた時、それは当たり前のように部屋の中に立っていたという。

——白い着物を着た、髪の長い女。

年齢はまだ若い。両手をだらりと垂らし、読経を続ける僧侶の左側に立っている。

その顔は——嗤っていた。

由美さんは母と目を合わせた。「絶対に喋るな」と言われていたため言葉を交わしてはいないが、母親も同じものが見えているようだった。

その女は不敵な笑みを浮かべ、僧侶と由美さんを交互に見ている。新しい玩具を前に好奇に駆られた子どものように、女は興奮しているように見えた。

そしてその直後。

「南無妙法蓮華経。南無妙法蓮華経。南無妙法蓮華経——」

なんと、その女が大声で念仏を唱え始めた。

高い声で、意地悪な子どもが誰かを馬鹿にするかのような口調。僧侶の声色を真似て戯《おど》けるような語調で念仏を弄《もてあそ》んでいた。女は嗤いながら読経を続けている。

「南無妙法蓮華経。南無妙法蓮華経。南無妙法蓮華経。南無妙法蓮華経——」

由美さんはぎょっとして硬まってしまった。

ただ、祭壇の前で念仏を続ける僧侶は、傍に立つ女にも、女の読経の声にも、まったく気付いていない。

——あ、このお坊さん、偽物だ。

由美さんはそう思った。

除霊の間、女は読経を続けていたが、儀式が終わると消えていた。

「霊は去って行きました。これでもう大丈夫です。だいぶ楽になったでしょう?」

僧侶は自信に満ちた声でそう言うと、こちらを振り返った。

「え、お経の声——聞こえてましたよね?」

「私の声ですか?」

「いや、女です。女がずっとお経を唱えていたんですけど」

「女? 外の部屋で待っている方ですかね? さぞかし心配されてお経でも唱えていらっしゃったのでしょうか」

——こいつは何もわかっていない。

由美さんは落胆した。

祖父が高額を支払って設けてくれた除霊である。効果がないならまだしも、僧侶本人に霊力がないということに由美さんは苛立ちを覚えた。

後に祖母から聞いた話であるが、外に置いてあったスピーカーにも、ふざけたように念仏を唱える女の声が入っていたという。

「この後はどうすればいいんですか?」

「半紙で体を擦ります。その後、その半紙を小豆《あずき》と御札と塩と一緒に川へ流します」

とりあえず言われた通り由美さんは残りの儀式を終えて、立派に装飾された御札をもらったが、まったく効果はなく、その後も霊現象は続いた。

4

「その時に見た女(読経していた女)に心当たりはありますか?」

「いえ、まったくありません」

「その女は、最初にお祖父さんの実家で見た老婆だったんでしょうか?」

「きっとそうだと思います。その女、私にずっと憑いてたんです」

私が由美さんにいくつかの質問をした時に、彼女はそう答えてくれた。

老婆と若い女――見た目の年齢は異なるが、同一人物に思えると由美さんはいう。

私も多数怪談を蒐集しているが、確かに『亡くなった方が、その当時の年齢とは異なる年齢の姿で現れる』という怪異を聞いたことがある。幽霊は成長するのか――という視点で議論するのも面白いテーマであるが、某心霊研究の報告によると『霊が自分の見せたい年齢の姿で相手の前に現れる』というケースもあるという。由美さんの霊感による直感を踏まえると、老婆と若い女は、同一人物だった可能性が高い。

「二度目の除霊も失敗しちゃったんで、どうしようか祖父に相談したんです。すると祖父が『このままでは絶対によくない』と言って、別の霊媒師を紹介してくれたんです」

東京都目黒区某所。

駅から少し歩いた場所に、その霊媒師の家があった。

家に入り、霊媒師の男性を見た瞬間、由美さんは驚いた。

――霊媒師の隣に、祖父の家で見た老婆が立っている。

自分を和室へと導こうとして足を引っ張ったあの老婆だった。

幽霊であることは理解しているが、まるで本当にそこに居るかのように、はっきりと見えていた。挨拶をするよりも前に、その霊媒師が言った。

「今私の隣に、その女が立ってるでしょ」

霊媒師は微笑んでいる。

——ああ、この人はわかっている。本物だ。

由美さんはそう思った。

いつの間にか、自分の目からぼろぼろと涙が溢れているのに気が付いた。

「なんとかするから大丈夫ですよ。でも、この女性は悪い人ではない。あなたに付いて行ったらなんとかしてくれると思って憑いています。助けを求めている」

霊媒師の言葉が、堰《せ》き止められたダムを放流するかのように由美さんの涙腺を崩壊させた。悲しいという感情よりも先に涙が止めどなく流れ落ちてゆく。

「今から私がこの女性を成仏させてあげます。すぐに御祓いを始めましょう」

その後の記憶は朧《おぼろ》げだという。

霊媒師が白い紙で自分の体を擦り始めると、自分の体が宙に浮くように軽くなった。

意識はあるが、自分の中に入っている女が出たくなくて泣いている。

「出たくない。私はここに居たい」

意に反して言葉が勝手に口から出ていた。それは本当に不思議な感覚だった。

「もうこの子から出て行きなさい。この子がつらいだけだろう」

霊媒師が諭すように言う。しばらくは由美さんも「嫌だ」と喚《わめ》いていたが、程なくして力が抜け、除霊は終わった。

体が軽くなっている。ただ、人に支えてもらわないと立てないほど脱力していた。

5

私に憑いていたのは、曽祖母の幽霊だったんです。

除霊してくれた霊媒師がすべて説明してくれました。

無縁仏になっていたそうなんですよ。

確かに私も曽祖母の話は聞いたことなかったんです。

身寄りもなく、弔われることもなく、どこかで亡くなったみたいなんですよね。

曽祖母は、私に助けを求めて憑いていたんです。

これは、後からわかったことなのですが、実は私が生まれて間もなく、祖母がこの霊媒師（最後に由美さんを除霊した霊能者）に会いに来ていたらしいんです。

当時、祖母も霊現象に悩まされていたらしくて——。

その時、祖母が霊媒師の前に座った途端に、霊媒師がこう言ったそうなんです。

「あなたのお母様が、無縁仏になって草に濡れている。すぐにお弔《とむら》いをして、暖かいお茶をお供えしなさい」

祖母は驚いたらしいのですが、結局何もしなかったそうなんですよね。

きっと、無縁仏になっていた曽祖母は最初、祖母を頼って憑いていたと思うんです。

でも祖母が何もしてくれないから、結局私の所へ来たんですよね。

私の除霊が終わった直後、祖父が急いで曽祖母の供養をしました。

祖父は信心深い人だったので、結構なお金を掛けて立派な供養をしたそうです。

すると、嘘のように霊現象は止まったんですよ。

曽祖母は、やっと成仏したんだと思います。

ただ——。

最初に祖父の家で老婆（曽祖母の霊）を見た時、和室へ導こうとしていたんですよね。

それだけは、いまだに意味がわからないんです。

和室に置いてあった日本人形に何か由縁でもあるのでしょうか。

子どもの頃は、その日本人形が怖くて仕方なかったのですが、曽祖母に由来する人形なのだとしたら、何かを訴えたかったのかも知れません。

私が十七歳の時に、祖父と祖母が他界して、祖父の家だったビルも売却しました。

ほとんどの家財は廃棄したんです。

あの日本人形も、いつの間にか無くなっていました。

きっと誰かが捨てたのかなと思っていたんですよ。

――あの夢を見るまでは。

6

由美さんが十八歳で結婚してから数年後。

とても奇妙な夢を見たと云う。

夢の中で、亡くなった祖母が目の前に立っていた。

どんな場所だったかは憶えていない。

祖母は、由美さんの方をじっと見ながら、何かを喋っている。

「あの日本人形を持ってきて。お願い」

由美さんは黙って祖母の言葉を聞いていた。

「人形は、M市の別荘の二階に置いてあるから。お願い。持ってきて」

由美さんはそこで目が覚めたという。

M市の別荘とは、由美さんが新婚当初に夫婦で暮らそうと考えていた、祖父の所有する別荘のことだ。一度だけ夫と内見に行ったのだが、その家の二階がなぜかあまりにも恐ろしく、結局住むことを断念した家だった。

——まさか、あの家の二階に日本人形が……。

気になった由美さんは、母親に頼んでM市別荘の二階の部屋を見てきてもらうことにした。どうしても自分で見に行くのは恐ろしかったのだという。

母親は半信半疑だったが、娘に頼み込まれてM市別荘へと見に行くことになった。

その二階の部屋の扉を開けた直後、母親は全身に鳥肌が立つほど驚愕した。

――あの日本人形が、何もない部屋の真ん中にぽつりと置かれている。

埃を被った日本人形は、まるで母親を待ち構えていたようにすら思えた。

母親もその人形がいつからそこにあったのか、わからない。

急いでその人形を人形供養専門の寺院へと持って行き、供養してもらったという。


何らかの理由で無縁仏になった由美さんの曽祖母が、自分の存在に気付いて欲しいあまりに霊現象を起こしたという因果関係は読み取れるが、この日本人形が一体どういう繋がりに位置しているのかは、今も不明である。

ただ、この人形が一連の怪異の引き金になっている可能性は否めない。由美さん本人も「この日本人形が本当に恐ろしかった」と言うほどに、それは存在感を誇示していた。

実話怪談を蒐集していると、こうした繋がりの欠けた要素が登場するケースも多い。

それが実話怪談ならではの魅力であり、底知れぬ怪異の闇を感じさせる重要な要素であったりもする。

「やっぱり私はあの日本人形に何か原因があるような気がするんです」

由美さんは、真剣な表情で私にそう語ってくれた。

埼玉県M市の別荘は、まだそこに在る。

通話の声

　クラブＤＪをしている原田さんは、二十代前半の頃、インターネット関連のソフトウェア会社でコールセンターのアルバイトをしていた。仕事の内容はシンプルで、顧客からソフトの使い方がわからないという問い合わせを受けた際に、電話でその使い方を説明するというものだ。

　この話は、原田さんが当時の同僚に聞いたという怪異体験である。

　その同僚は室井という男性で、原田さんよりも年齢が二つ程上のフリーターだった。

　ある日、原田さんが仕事を終えて片付けをしている時、室井が近付いてきた。

「ちょっと原田くん。俺、今日めちゃくちゃ怖いことがあったんだけど。今日でもうこの仕事を辞めるかも知れない」

「どうしたんですか？　しつこいクレーム電話でもあったんですか？」

「違うんだよ。それがね——」

室井は、その日の仕事でこんな出来事があったと云う。

室井がいつもの通りコールセンターの電話ブースに着席し、仕事をしている時。

一本の問い合わせ電話が入った。

電話先の相手は若い女性。年齢は二十代前後だろうか。

「すいません。ちょっとそちらのパソコンソフトを使っていたら、途中で不具合が起きて画面操作が進まなくなったんですけど……」

話を聞くと、使用誤りによるトラブルで、よくある問い合わせだった。

「それでしたら、今パソコン画面に○○というメッセージが出ていますよね。その画面右下にある『いいえ』ボタンをクリックしてください」

「はい」

「次に△△と表示された画面が出るので『次へ』ボタンをクリックしてください」

「わかりました」

室井は、いつも通り淡々と説明をして操作を促している。

ただ、途中からその女性の声に変化が現れ始めた。

徐々にではあるが、何かに怯えるような口調に変わっている。

まるで何かを恐れているようにも聞こえた。

「お客様、次は青い画面が表示されたと思うのですが」

「……」

「表示されていますか？」

「はい……」

女性の声は震えていて、今にも泣きそうな口調である。

室井は少し気になったが説明を続けた。

「でしたらその画面に○○と表示されていますよね？」

「わかりました」

「……画面に○○というメッセージが表示されていますか？」

「はい……。わかりました」

返答の様子がおかしい。電話先でその女性は泣いている。

「お客様、どうかなされましたか？」

室井はそう訊いたが、相手の様子は変わらない。

女性は苦しそうに怯えた様子で声を絞り出していた。

「次の画面に◯◯と表示されていますよね？　その下に――」

「わかりましたから」

「お客様？　もしもし」

「わかりました。……もう、わかりましたから！」

会話がまったく嚙み合わない。

「もしもしお客様？」

「……」

「もしもし？　聞こえてますか？」

「……」

この時、室井は妙な不安に襲われていた。

関係があるのか否か――その時は考える余地もなかったが、室井は一週間ほど前に引っ越しを終えたばかりだった。

場所は都内でも人気のエリア。立地もよく好条件の物件だったが、不動産屋も「こんなに安い賃料は滅多にありません」と太鼓判を押すほど破格の家賃だった。

しかし、室井はその部屋の寝室に妙な違和感を感じていた。

——常に誰かに見られているような気がする。

電気を消すと、暗闇に何かの存在が色濃く浮かび上がるのを感じて落ち着かない。

最初は引っ越しをして環境が変わったせいだと思っていたが、どうも違う。

それは自分を覗き込んでいる。

好奇な目で自分を観察しているようだった。

日に日に視線は強くなり、不安に駆られて眠りが浅くなっていた。

幽霊の類は信じたことはない。

いや、考えたことすらない——というのが正しい表現かも知れない。

しかし、その部屋で感じる異質な存在感は異常だった。

理解できない怪異というものが、ゆっくりと自分の認識に忍び込んでいるような不気味さがあり、それを考えるとひやりとさせられることが多くなった。

そんなこともあり、室井はこの数日間、ほとんど眠れていない状況だったという。

そして今。

目の前では、電話先の女性が怯え始めるという異様な事態に遭遇している。

朦朧《もうろう》として掴み所のない不安感が、沸々と湧き上がってきていた。


電話では沈黙が続いている。

先程の女性は何も言葉を発しない。

しばらくして、電話先に別の女性が出た。

声の質から、おそらく先程の女性の母親だと思われる。

娘が電話をしながら泣いているのを見て、不審に思ったのだろう。

「もしもし、あなた誰ですか？」

女性は訝《いぶか》しげな口調でそう言った。

「あ、すいません。私△△会社コールセンターの室井と申します。今、弊社パソコンソフトの製品についてお問い合わせを戴きましたもので、使用方法についてご説明させて戴いていたところなのですが――」

女性は、割とすぐに状況を理解してくれた。

パソコンの不具合については従前より娘から聞いていたという。やはりその女性は、先程の女性の母親だった。娘の代わりに話を聞くので、対処法について説明を続けて欲しいと言われた。

「娘さんは大丈夫でしょうか？　少し具合が悪そうでしたが……」

気遣って室井はそう言ったが、女性は「たまにあんな風になるんです」と軽く受け流し、気にすることはないという。

室井はとりあえず説明を続けることにした。

「今パソコン画面に表示されている青い画面の下に、○○と書かれたメッセージがありますか？」

「はい。あります」

「でしたら、そのチェックボックスを外してください」

「はい」

「すると次に――」

室井は引き続き対処法について説明を続けた。女性はパソコン操作に慣れているらしく、円滑に対処が進んでゆく。

ところが。

次第にその女性も、口調に変化が現れてきた。

やはり何かに怯えるように、声が震え始めたのだ。

まるで誰かに脅されて、頭に銃口を突き付けられているような様子だったという。

「お客様、でしたら次は付属のＣＤをパソコンに入れて戴いて――」

「はい……」

女性は声を震わせながら、かろうじて喋っている。

「あ、△△と書かれた袋に入っているＣＤなんですが」

「はい。……はい。わかりました」

徐々に女性の声が掠《かす》れてゆく。苦しい息遣いが伝わるほど怯えていた。

「お客様。どうかなされましたか？」

「はい。わかりました。……はい」

「もしもし？」

「わかりました。はい。……はい。わかりましたから！」

すでに会話は成立していない。

「……」

室井は、異様な状況に言葉を失ってしまった。

その直後。

「……健一さん」

電話先の女性が言った。

「健一さん――ですよね？」

室井は心臓を撃ち抜かれたような衝撃を覚えた。

室井の下の名前は「健一」である。

当然、相手には自分の名前を伝えていない。

「どうして――」

言い掛けた言葉は、口元で詰まってしまった。

ゆっくりと。

女性は言葉を続けた。

健一さん――ですよね。
あなたに
これから
よろしくと
お伝えください――って、
うしろのひとが、いってます。

室井はすぐに電話を切った。
――後日。
室井には幸いにも霊感のある友人が一人いたため、彼を家に招くことにした。
その友人は玄関に入るとすぐ、
「お前、ここすぐ引っ越さないとマジで死ぬよ」
と言うと、家に入らずに帰ったと云う。

骸の地

ミシリ……ミシリ……と。
地を踏み鳴らすその異音は、耳を塞いでも頭の中へと侵食してくる。
砂利を踏む音ではない。もう少し大きな礫《つぶて》を敷き詰めた地面を踏む音だろうか。
いや、どうもそうではないらしい。
パキ……パキ……と、所々に破裂音がしている。
枝を踏む音？
一瞬そう思ったが、それも違う。
ガラガラという硬度の高い物体が犇《ひし》めき合う音のような気もする。
——音の正体を見たい。
そう思いながらも、彼女はそれを見ることを本能的に恐れていた。

この話は、由美さんという女性から聞いた奇妙な体験談である。

彼女が小学生の頃、家族で東北地方に在るNという町へ旅行に行くことがあった。

その町は観光地化されたリゾートという訳ではないが、海と山に囲まれた平野に位置する場所であり、都会の喧騒を離れて休日を過ごすには申し分ない環境だった。

父親の車で、とある商業施設に立ち寄った時のこと。

由美さん家族はそこでの用事を終えて、車を停めた駐車場へと戻ってきた。

そこはアスファルト敷きの広大な駐車場。地元の人も利用する商業施設だったため、他の車も適度に駐車されている。休日の昼間ということもあり、駐車場を歩く人も何人か見受けられた。車の停めてある場所に着くと、父親が車の鍵を開ける。

「由美、あなた助手席に乗っていいわよ」

母親はそう言うと、後部座席のドアを開けて先に車に乗った。由美さんは、助手席のドアを開けてそこに座る。父親が隣でエンジンを掛けた。

由美さんはシートベルトを締めようと、左側のシートベルトを掴み、右下にある留め金にカチリとベルトを差し込んだ。

――その時。

ミシリ……。ミシリ……。

外を歩く人の足音が変わった。

突然のことだったので、由美さんも何が起きているのか理解するまでに少し時間が掛かったそうだ。呆然としながら耳を欹《そばだ》てる。

ミシミシという音に混じって、硬い物体が踏み鳴らされて軋《きし》む音が聞こえた。

時折、パキ……パキ……と、何かが割れる音が混じっている。

由美さんは視線を上げて、助手席の窓から外を見た。

――辺り一面に、白骨の山が広がっている。

風景は全く別の世界へと変わっていた。

白く濁った色の骸《むくろ》の山が、駐車場の敷地全面に広がっている。

頭蓋骨。大腿骨。そして無数の小さな人骨の残骸が、鮮明に見えている。

車の傍を歩く人が、敷き詰められた白骨を踏み鳴らしていた。

ミシリ……ミシリ……と、その音が由美さんの頭へと入り込んでくる。

それはとても厭な音だった。

無数の骨が踏まれた圧力で擦れ合い、表面を摩耗させながら苦しい悲鳴を上げている。

車の傍を歩く男性が、頭蓋骨を踏みつけた。

——バキッ。

音を立てて頭蓋骨が真っ二つに割れる。

粉砕された人骨は、ぼろぼろに崩れて地に溶けていった。

「どうして骨を踏んでるの？」

両親にそう尋ねたが、両親は何を言っているのか理解していないようである。

「骨がどうかした？」と母親が訊いてきた。彼女は「周りに骨がたくさんあるの」と伝えたが、両親は取り合ってくれない。

父親がアクセルペダルを踏み、車をゆっくりと動かした。

ギシギシギシ……。

車の下では、潰された人骨の砕ける異音が、振動を感じるほどに鳴っていた。

由美さんは恐怖に駆られ両耳を手で塞いだ。

その音は、車が駐車場を出るまで続いたという。

「私のお祖父ちゃんが教えてくれたんだけど、その場所ね、昔たくさんの骨が集められていた場所なの」

由美さんは私にそう話をしてくれた。

「戦時中の話ですか？」

私がそう訊くと由美さんは首を横に振った。

「いや、それよりもずっと昔の話なのかも知れない」

Nという町は遥か昔、七世紀後半より関所が建てられていたといわれている。

日本史を紐解くと、当時のそこは領土争いの前線として戦が絶えない場所だった。現在もその関所跡地は史跡として残されているが、一説によるとそれは後付けで作られた関所跡であり、実際にはそこに関所は無かったという学説もある。

それが事実だとしたら何のために——。

奇妙な偶然だったのだが、この話を由美さんに聞かせてもらった二週間後。

別の友人と話をしている時に、なぜかNという町の話題になった。

「Nって町があるんですけど、知ってます?」

一般的にはそこまで知られてない小さな町である。ただ、偶然にも私は由美さんから先に述べたNという町での怪異体験を聞いていたので「知ってますよ」と即答した。

「実はこのNという町なんですが、高校の先生が教えてくれたんですけどね――」

その友人は東北地方出身で、Nという町からは少し離れた場所が地元なのだが、高校の時に国語教師が奇妙な話を教えてくれたという。

「Nという地名があるじゃないですか。これって漢字で書くと□□っていう字になりますよね。この漢字の意味を解釈すると」

来てはいけない地――という意味になるらしいんです。

当然、Nという地名は現在も存在するので詳細を書くことはできない。

由美さんがその地で見た骸の山は、鮮明な記憶として彼女の脳裏に今も焼き付いているという。

木陰

夜の東京。クラブで知り合った木田さんという男性から聞いた話である。

彼には、今でもトラウマになっている少年期の体験があると云う。

それは小学校五年の夏休み。

遠方に住む同い年の従兄弟《いとこ》、博史が実家へ遊びに来ていた時のことだった。

木田さんの地元は長野県X町。

山に囲まれた田舎の集落で、田園風景が広がる自然の豊かな地域である。博史の両親は、子どもを遊ばせるにはとても良い環境だと思ったらしく、毎年夏には博史を連れて一週間ほど遊びに来ることが慣例になっていた。

木田さんと博史は仲も良く、いつも二人でよく外に遊びに行っていたという。近くの川で釣りをしたり、山裾の雑木林で虫捕りをしたり、遊ぶ場所には事欠かない。

ただ、博史も最初は珍しい田舎の環境を楽しんでいたが、二、三日もすると飽きてくる。木田さんにとっても、風光明美な田園風景は日常以外の何物でもない。

少し刺激に飢えた少年二人は、ちょっと変わった遊びをしようと考えた。

「博史くん、夜の学校って行ったことある？」

「ないよ。うちの学校は夜閉まっちゃうんだ」

「ちょっと行ってみない？　うちの小学校は夜でも入れるから」

田舎の小学校だったこともあり、夜に門戸が閉じられているということはなかった。

二人はその日の夜、小学校へ遊びに行くことにした。

時刻は十九時を過ぎた頃。

陽が落ちた後の仄暗い畦道を歩き、二人は小学校へと向かう。

水を湛えた田園には、所々に蛍《ほたる》が飛んでいる。

辺り一面には、蛙《かえる》の声が響いていた。

小学校へ着くと、二人は校庭の裏門から敷地の中へと入ってゆく。

外灯に照らされる錆び付いた遊具。

誰もいない外廊下。

ずらりと並ぶ水道の蛇口。

夜の学校は昼間とは違い、まるで別世界のような静寂と影を湛えており、少年二人の好奇心を擽《くすぐ》るのに充分な異界感を漂わせていた。

「ねえ、知ってる？　夜の学校には幽霊が出るんだよ」

「嘘だ。そんな訳ないよ」

「本当だよ。見た人がいるって友達が言ってた」

怖がりながらも二人はある種の背徳感と興奮を抑えきれず、徘徊を楽しんでいた。

それは、中庭に出た時のことだ。

校舎と体育館の間にある中庭には、植栽と幾つかの木が植えられている。ぽつぽつと灯る外灯の光に照らされた中庭は、ぼんやりとその輪郭を浮かび上がらせていた。

二人が、とある木の下を通り過ぎた時。

チュン……チュン……と、木の上から鳥が囀《さえず》る声が聞こえた。

「鳥かな？」

木田さんは上を見上げた。木には葉が覆い茂っており、よく見えない。冷静に考えると、こんな時間に鳥が囀るのも違和感があるのだが、その時は気が付かなかった。

「なんだろう？」

二人は上を見ながら立ち止まってしまった。

しかし、数秒後――。

木田さんはあることに気付いた。田舎育ちの木田さんにはわかる。鳥の鳴き声なら、もう少し声の間隔が狭い。しかし、木の上の声は少し様子が違う。

チュン……チュン……。

それは、一音ごとに発せられた声であり、鳥の囀りとも違う。

――人の声？

それは舌打ちの音だった。

チッという舌打ちが断続的に発せられている。

そして微かだが舌打ちの間に、ぶつぶつと何かを呟いているような声が聞こえた。

これは、鳥ではない。

博史が近くにあった竹箒《たけぼうき》を持ってきた。

「鳥が鳴いてるんだよ」

博史はそう言うと、竹箒を持ち上げ、木陰の藪《やぶ》の中へと突っ込んだ。

ガサガサと木の葉が鳴る。

——どさっ。

黒いハンドボール程の大きさの塊が木から落ちてきた。

それは、男の生首だった。

地面の上に転がった頭部が、眼球を動かしてこちらを睨み付ける。

チッ……。

生首は顔を顰《しか》めると、舌打ちをした。

言葉を発することもなく、二人は全速力で逃げ帰ったという。

数日後。

博史は両親と共に東京の実家へと帰って行った。

「ねえ、この写真変じゃない？」

母親が見せてくれた写真は、博史が遊びに来ていた時に父親が撮影した写真だった。

実家の庭先で、木田さんと博史が楽しそうに笑いながら写っている。

博史の顔に、黒い靄《もや》のような塊が重なっていた。

——それは、あの生首だった。

博史の頭部はその生首の影に覆われており、ぐしゃりと潰されたように歪んでいた。

「正直に言うと、私は従兄弟の博史にその写真のことは言えなかったんですよ」

木田さんは少し真顔で私にそう言った。

「だって、怖いじゃないですか。私にもあの男の首が憑いてくるかも知れない」

——そう思ったら、もう眠れないくらい恐ろしかったんです。

木田さんは、怯えた表情で当時の記憶を語ってくれた。


博史はその数日後、頭部に原因不明の腫れ物ができて高熱を出した。

腫れ物は赤黒く、顔全体を覆うように広がっていった。

病院に行っても正確な原因は判明しない。

その後遺症は、今も残っているという。

階下の住人

東京某所のクラブで働いている男性から聞いた話である。

彼が小学生の頃。

彼が住んでいたマンションで、階下の住人が首を吊って自殺した。

亡くなったその男性は社交的なタイプではなかったが、たまに廊下で会うと会釈することもあった。近所の人が自殺したという事件は、子ども心にショックではあったが、特に親しい人だった訳でもないので、次の日にはすっかり日常生活を取り戻していた。

数日後。

学校帰りに彼が、自宅のあるマンションを何気なく見上げた時のこと。

自宅の階下——首吊りのあった部屋のベランダに、誰かが立っている。

自殺した男性だった。

遠くを見るような目で、外を見ながら佇んでいる。
彼は思わず絶句した。
視線を右にやると、その隣の部屋のベランダに友達の女の子が立っている。
その部屋は彼の同級生が住んでいる家だった。
女の子は首吊りのあった部屋を指差して、こちらに向かって何かを言っている。
どうしたんだろう。
彼は下から女の子に手を振った。
彼女は、左手を口に添えて大声で言った。
――ねえ、見えてるでしょ？
その後しばらくの間。
その部屋を見上げる度に、死んだ男がベランダに立っているのが見えた。

ベルリンの幻影

ドイツのベルリンには、数多くのクラブが存在する。

テクノと呼ばれる音楽が都市に根付き、週末には多くの人々が一日中クラブで音楽を浴びるように楽しむ光景が見られている。重厚な低音と機械的な音が一定のリズムで反復されるテクノという音楽の特徴は、ある意味では機能美を有する芸術であり、一見すると無機質でありながら、独特の高揚感をもたらすプリミティブな音楽ともいえる。

ベルリンのクラブは、そのほとんどが古い廃墟を改築して（またはほぼそのままの状態で）サウンドシステムを持ち込み、クラブとしてオープンしている。

廃業した銀行の地下金庫室跡地や、発電所の跡地など――配管や鉄骨が剥き出しになった廃墟に大音量の低音が鳴り響く。暗闇の中でストロボライトが明滅し、人々が犇《ひし》めき合ってひたすら音楽に身を委ねる。熱気と一体感に満たされた非日常な音空間。

もしかするとそれは、日本で一般に知られているクラブのイメージとは程遠いかも知れない。そこは富裕層が豪遊する場所でもなく、高級ブランドで着飾った女性がスーツ姿の男性と闊歩する場所でもない。

それどころか、ベルリンのクラブではエントランス（入り口）にバウンサーと呼ばれる判定人が立っており、来場客一人一人に対し「テクノを聴きに来た人か否か」「クラブに入るのにふさわしい人か否か」を厳しく判定している。いわばクラブ側が客を厳しく選んでおり、客は長蛇の列に数時間待たされたとしても、バウンサーに一言「ダメだ」と言われたらそれだけで門前払いとなる。ベルクハイン等といった著名なクラブではバウンサーが門番として強い権限を持っており、名物にもなっている。彼らがどういう基準で客の入場可否を判定しているかは明らかにされていない。「全身黒い服だと入れた」「スニーカーだと入れた」など、入場の条件について様々な憶測や噂が飛び交い、バウンサーの判定基準は半ば都市伝説と化している。

様式美と歴史を感じさせるドイツの建築。荒廃感を漂わせる廃墟の空間。非日常への境界線を超える高揚感——。それらがテクノという音楽の特性と相まってベルリンの新しい文化を彩っている。

私が初めてベルリンを訪れたのは二〇〇二年の初夏。

当時、ベルリンではラヴパレードというテクノの祭典をやっており、国内外から百万人以上のテクノフリークが集まり街中を埋め尽くしていた。私は、友人のDJが出演するということで現地を訪れていた。

夜になると街中を若者が練り歩いている。タクシーに乗ると運転手に開口一番「どのクラブ?」と訊かれ、行きたいクラブの名前を言うだけで連れて行ってくれた。

重厚なレンガ造りの倉庫跡。錆び付いた鉄骨と鉄板が剥き出しになった工場跡地。建材が剥がれてコンクリートが剥き出しになった廃ビル——。私が訪れたクラブはどこもそうした空間であり、それがたまらなく格好良かった。

しかし、ふと視点を変えると、空間的には不気味な場所である。やや偏屈な見方かも知れないが、ビジュアルだけ見ると「心霊スポットのような廃墟で音楽を聴いている」と表現されてもおかしくはない。東西ドイツの壁が崩れ、廃墟になった建物が放置されているところを、若いアーティストがアトリエやクラブにしたという背景もあるが、その空間には、積年の歴史や人々の深い念が染み込んでいるようにも感じられた。

この話は、ベルリンでDJをしていたKさんという日本人男性が体験した怪異である。

1

Kさんはアパレルの服飾デザイナーとして仕事をしていたのだが、二十代後半の頃、テクノに惹かれDJとして活動するために単身ベルリンへと渡航した。

現地で仕事を探し、DJとしても活動を始めるため方々を動き回っていた頃。

ベルリンで知り合った友人と、「C」というクラブに行く機会があった。

そこはベルリンの中心地からやや南東――クロイツベルクと呼ばれる地区の一角に位置するクラブであり、川沿いに在る。Kさんも初めて訪れる場所だった。

クラブに着いたのは夜二十四時近くだっただろうか。

敷地に入ると、まず広い中庭がある。

そこには何本かの木が植えられており、サイケデリックな色の照明と、ベンチやテントが所々に配置されている。踊り疲れた人々がここで寛《くつろ》げるようにという配慮だろう。

敷地の奥へと進むと、レンガ造りの重厚感のある古い廃墟が建っている。

その地下室がメインフロアになっているとのことだった。

「ここもやっぱり廃墟を使ってクラブにしてるんだね」

Kさんは友人と話をしながら中庭を歩いていた。そこにはクラブ特有の高揚感が溢れており、何人かの若者がベンチに座って楽しそうに騒いでいる。

すると突然、Kさんは異様な気配に捉われた。

自分に向けられた強い視線を方々から感じる。

顔を上げてその視線の方を見るのだが、こちらを見ている人などいない。

――なんだろう？

その感覚は不可解だった。

絶対に見られているのに、誰も見ていないという状態。

――もしかして……いるの？

Kさんは顔を顰める。実はKさんは十代の頃より少し霊感があった。いるはずのない者の気配や影を感じ取ることも少なからずあったという。そういう時は決まって頭痛と吐き気に襲われた。ここ数年はそんな状態に陥ることも無かったため、自分にはもう霊感は無くなったのだろうと思っていたが、今ここで自分に襲い掛かっている奇妙な感覚は、十代の頃に霊的なものに触れた時の状態と酷似していた。

まさか日本から遠く離れたベルリンで、この症状が再発するとは。

頭痛に耐えながらも、Kさんは友人と中庭を奥へと進む。

得体の知れない視線はさらに強くなり、数も増えてゆくように感じられた。エントランスを入ったばかりで今更帰るというのは友人にも申し訳ない。これはきっと気のせいだ――Kさんはそう自分に言い聞かせた。

二人は奥にあるレンガ造りの建物へと入る。

階下ではテクノの重低音が空気を震わせながら鳴り響いていた。

地下フロアへと続く階段を下りている時のこと。

下を見ると、階段の一番下の段に誰かが膝を抱えて座っている。

それは傷だらけの衣類を纏《まと》った老人だった。

ここにそんな風貌の老人が居ること自体がおかしい。

老人は頭をふらふらと揺らしながら何かを喋っているようだった。

「おい、あの人……見える？」

「え、何が？」

「階段の下に……」

Kさんは思わず友人にそう尋ねたが、すぐにこの老人は自分にしか見えていないということを悟った。視線を再び階段の下へと移すと、老人は消えていた。

地下フロアには所々にオレンジの照明が灯っている。コンクリートの壁に囲まれたダンスフロアには人が集まり、音楽に身を委ねていた。骨まで響くような低音と、テクノ特有の催眠的な反復音。明滅するストロボが陶酔感を煽る。

しかし、Kさんにとってそこは地獄のような場所だった。

凄まじい吐き気に襲われていたのである。かつて自分を悩ませた症状——それは明らかに霊障だった。頭の中を何かに掻き回されているような不快感が込み上げる。

——ここは絶対に良くない場所だ。

そして天井を見上げた時、Kさんは卒倒しそうになった。

無数の黒い人影が、天井にへばりついている。

まるで巨大な昆虫が群れているようだった。

そして次の瞬間、その黒い群れは一斉に天井をぐるぐると這い回り始めた。

両手両足をバタバタと動かしながら、無数の人影は巨大な蜘蛛《くも》のように天井を素早く動き回っている。

Kさんの絶叫は、フロアに鳴り響く低音と観客の歓声に掻き消された。

「ごめん。俺、今日はちょっと先に帰る」

友人にそう言うと、Kさんはそのクラブを後にした。

2

それ以来、Kさんはその場所に近付くことをやめた。

かつて自分を悩ませた霊現象に触れた時の恐怖心。頭痛や吐き気といった症状。遥々ベルリンまで来てそうした忌まわしい感覚に襲われるとは想像もしていなかった。

ただ、海外という環境がもしかすると幸いしたのかも知れない。刺激に満ちた生活は、そうした厭な記憶を忘却の先へ埋めることに手を貸していた。新しい仕事、新しい人脈、そしてベルリンでDJをする機会も少しずつ増えてゆく。Cというクラブで体験した怪異は、いつの間にか忘れ去られた希薄な記憶になりつつあった。

後日、そのCというクラブの建物について、ある事実を知った。

それは別のクラブで知り合ったベルリン在住のドイツ人から聞いた話である。

――Cというクラブの建物は、かつて旧ソ連軍が占拠していた建物だったと云う。ベルリンに旧ソ連軍が駐留していた時というのは、第二次世界大戦におけるベルリン陥落の折である。

一九四五年四月下旬。旧ソ連軍はベルリン中央部への砲撃を開始。わずか一週間程の期間で旧ソ連軍を含む連合軍はベルリン市街へと突入。激しい市街戦を経てドイツ軍は追い詰められる。同年四月三十日、ヒトラーが総統官邸の地下壕で自殺。五月二日、ソビエト赤軍は総統官邸への攻撃を開始。最後のベルリン防衛軍司令官であるヴァイトリングが降伏文書に署名し、ベルリンは陥落した。

一説によるとドイツ側の死者は三十万人を超えるといわれており、そのうち約半数は民間人である。しかし、悲劇はまだ終わらない。陥落後のベルリンの惨状は凄まじく、憎悪が憎悪を呼ぶ人類の悲しい歴史を物語る、かくも無残な光景が繰り広げられた。

Cというクラブは、そうした歴史が染み込んだ建造物の廃墟に存在している。

建物の外にも大量の死体が山積みになっていたらしいと、この事実を教えてくれたドイツ人が話してくれた。Kさんは戦時下におけるベルリンの歴史を知るに連れて、あのクラブで体験した怪異の根深さについて、底知れぬ恐ろしさを感じていたという。

一ヶ月後。

Kさんは仕事の関係でクロイツベルク地区を歩いており、偶然にもCというクラブの傍を通り掛かることがあった。

時間帯は夕刻。ドイツは日没が遅いため、時刻的には二十時頃だったかも知れない。

運河添いの並木道に夕陽が差していて、情緒のある街並みが続いている。

石畳の道を歩きながら何気なく視線を上げると、Cというクラブの敷地が見えた。

まだオープンしていないため、敷地の中に人の気配はない。

レンガ造りの塀が連なっている。

その途中に鉄格子の門があった。その格子の隙間からは、中庭が見える。

Kさんは思わず息を呑んだ。

もうここには近付かない――そう決めたはずなのに中を覗いてしまったのは、好奇心によるものなのか、自分の怪異体験にどこか現実感が無かったからなのか、単に忘れていたからなのか、今となっては憶えていない。

ただ、Kさんは見てしまったことを後悔していた。

敷地内には、数本の木々が乱立している。

——それらの木々すべてに、首を括った死体が吊るされていた。

まるでモノのように吊るされた死体の群れは、悪趣味な装飾のようにも見える。

微かに揺れる縄の軋む音が聞こえてくるようだった。

それらの木々に囲まれた中庭の中心には、二メートル程の黒い人影が立っている。

全身黒いフードを被り、杖のようなものを片手に握りしめた巨大な老婆だった。

老婆は品定めをするかのように、吊るされた死体を一つ一つ見ながら、ゆっくりと中庭を練り歩いている。時折、首を斜めに傾げて吊るされた死体の顔を覗き込んでいた。

悪夢を見ているような異様な光景に、Kさんは絶句した。

自分が目にしているものは、現実には存在していない。それは理解している。しかし、あまりにも生々しい質感を持った情景にKさんは全身の震えが抑えられなかった。

Kさんは慌ててその場を走り去ったという。

3

「Cに行ったの？　私、昔そこで働いてたよ。良いクラブなんだけどね……」

数ヶ月後、Kさんは別のクラブに遊びに行った際に、元Cのバーカウンターで働いていたというドイツ人女性と知り合う機会があった。

「あのクラブ、元々ソ連軍が使っていた建物の跡地なんだってね。知ってる？」

Kさんが何気なく彼女にそう質問をすると、彼女がにこりと微笑んだ。

「あなたよく知ってるわね。歴史に詳しいの？」

「いや、そういう訳ではないんだけど、なんとなく不気味な場所だと思ってね」

「不気味な場所？」

「いや、何ていうかやっぱり戦争で死んだ人も多いだろうし」

Kさんは言葉を濁した。少し配慮に欠けた言い方に聞こえたかも知れない。

しかし、彼女の返答は意外だった。

「私もあのクラブ、気味が悪くて辞めたの」

「どういうこと？」

「上手く言えないけど、他のクラブと違ってどこか雰囲気がおかしいんだよね」

「やっぱり戦争中に使っていた建物ということは、酷いことがたくさんあった場所なのかな？」

するとと彼女は少し真顔になり、首を横に振った。

あなたは知らないと思うけど——。

「実はもっと昔から、あの場所には知られていない歴史があるの」


Cというクラブ周辺の地域は、今から数百年前、中世の頃に魔女のコミュニティがあったエリアだという。

魔女というと（訳語の特性上）女性というイメージが強いが、実際には男性も数多くいたとされる。異端の魔術を扱う呪術者と言った方が実態に近いかも知れない。

ヨーロッパにおける魔女というのは、その成り立ちを紐解くと複雑な背景があるのだが、一つにはマレフィキウムと呼ばれる呪術の概念があるといわれている。それは、キリスト教とは別の独立した系譜を持ち、「人々に被害を与える効用を持つ呪術」のことであるが、魔女とはそうした呪術を使う者というのがルーツであるという説もある。

後世においては、キリスト教における悪魔の概念と融合し、悪魔の使いとしての魔女という捉え方が登場するが、マレフィキウムに関しては厳密にいうと、キリスト教とは無関係のケルトやゲルマン社会における自然信仰等に基づく呪術のことを指す。後に魔女と呼ばれる民が使っていた呪術とは、こうした土着の信仰に由来する作法だったのかも知れない。

ドイツにおける魔女といえば、ハルツ地方に伝わる「ヴァルプルギスの夜」という祭事が有名である。四月三十日の日没から五月一日未明にかけて、魔女たちがサバトと呼ばれる儀式的な夜会を開き、季節の節目を迎えるとされているが、昔からこのような呪術者の集団が存在し、その秘術を伝承していたとされている。

ただ、こうした考え方も一説ではキリスト教からみた異教徒という視点から生まれた解釈であり、実際はこの地方に古くから根付く精霊信仰・豊饒《ほうじょう》信仰がキリスト教を最後まで拒んだゆえに異端とみなされ、「魔女による悪魔崇拝」というイメージを与えられたとも考えられる。もしかするとヴァルプルギスの夜は、日本でいうところの節分のような祭事だったのかも知れない（なお、ヒトラーが自殺したのは四月三十日——ヴァルプルギスの夜が始まる日である）。

ベルリンにおいても、そうした魔女のコミュニティが存在したのだろうか。Kさんがクラブで知り合った女性は、そうしたベルリンの裏の歴史について話をしてくれた。

魔女のコミュニティがあった場所では、一体何が行われていたのだろうか。

それとも魔女狩りと呼ばれる迫害の陰惨な過去が、そこにあったのだろうか。

今となっては、それ以上の事実を深掘りすることはできない。

奇妙な符合と思える話に、Kさんはぞっとした。

Kさんはそれ以降、もう二度とCというクラブに近付くことをやめた。

鼠

暗い寝室で、太田さんは静かに目を開けた。
カリカリ――カリカリ――。
乾いた音が部屋のどこかで鳴っている。
それは小さな音なので、どこから聞こえてくるのか即座にはわからない。
仰向けに寝ていた太田さんには、天井が見える。
紐の付いた電灯には、オレンジの豆球だけが灯っていた。
両隣には両親が寝ている。
当時小学生だった太田さんは、両親に挟まれるように布団を敷いて寝ていた。
カリカリ――カリカリ――。
音は相変わらず続いている。

天井裏に鼠《ねずみ》でもいるのだろうか。
太田さんは少し首を持ち上げ、部屋の中を見た。
そこは四畳半ほどの小さな和室。
薄汚れた押し入れの襖《ふすま》。古い三面鏡。本棚。化粧机――。
薄暗い部屋の中には、これといった異変はない。
耳をそばだてて部屋の中に意識を巡らせる。
カリカリ――カリカリ――。
音は確実に部屋の中で鳴っていた。
視線を足元に向けると、布団の向こう側に箪笥《たんす》が見えた。
それは太田さんが生まれた時から此処にある。
古い桐の箪笥で、上段は観音開きの扉になっていた。
よく見ると、観音開きの扉が少し開いている。
開いた扉の隙間――その上の方に青白く蠢くものが見える。
なんだ……あれ。
太田さんは目を凝らしてそこを見た。

扉の隙間から白い手がにゅっと突き出ていて、箪笥の扉を引っ掻いていた。
細く白い指が、蜘蛛の足のようにくねくねと動いている。
カリカリ――カリカリ――。
その指の爪が扉の木目を擦るたびに、不快な音が部屋の闇へと滲んでゆく。
太田さんは首を枕に収めると、そのまま静かに布団を被り、気を殺した。

侵入者

「きっとあのマンション、何かあるよ。場所教えようか？　まだそこに在るから」

東京の世田谷区三宿にある小さなバーで、私は友人のAと呑んでいた。

彼はクラブDJでもあるが、本業は循環器系の医師である。彼とは元々DJとして知り合ったのだが、私とは同世代で音楽や趣味の話で盛り上がることもあり、普段から仲良くしている友人の一人である。

そのバーに、他の客はいなかった。静かな店内には、昔のレコードが流れている。バーカウンターの奥では品の良いマスターが暇そうに立っていた。

「いや、本気で怖かったよ。だって、絶対にそこにいたから」

俺、間近で幽霊見たの初めてだよ――と、Aは少し興奮しながら話を続けた。

それは、Aが十八歳の時。

医大を目指して大学受験の勉強をしていた頃、彼は都内某所にあるマンションの一室で一人暮らしをしていた。小さなワンルームの部屋。受験生という身分である以上、勉強以外の余計なものは部屋にはない。ベッドと机、収納と本棚を置くと手狭になる最小限の部屋だった。

当時は日々勉強に明け暮れており、邪念を捨てて真面目に受験生をしていたという。

ある日の夜。

部屋で寝ていると、妙な寝苦しさに襲われ目が覚めた。

枕元のデジタル時計を見ると、深夜一時半を示している。

——何、この違和感?

電気を消して寝ていたはずなのだが、部屋の中がぼんやりと明るい。

いつもの部屋であることに変わりないが、どこか様子がおかしいような気がした。

少し頭を持ち上げて部屋の中を見る。

違和感の正体に気付くのに、さして時間は掛からなかった。

――部屋の中の扉という扉がすべて開いている。

洋服箪笥。収納。台所の下段にある食器棚。それらの扉がすべて開け放たれていた。それだけではない。机の引き出し。本棚のスライド式扉。テレビ台の引き出し。冷蔵庫の扉。そして、洗面所の扉。部屋の窓に至るまで、すべての開口部や収納がことごとく無造作に開いている。

――泥棒か？

彼は、その異様な光景に凍りついた。

足元を見ると、視線の先に玄関が見える。

玄関の扉は、外へ向けて大きく開かれていた。

向こう側には、外廊下の壁が見える。

蒼白い蛍光灯の無機質な光に照らし出された外壁が、不気味に浮かび上がっていた。

消灯した部屋がいつもより明るいのは、玄関から差し込む外廊下の光のせいだった。

――閉めなきゃ……。

焦ったAは、起き上がろうと上体を動かそうとした。

自分が金縛りに遭っていることに気付いたのは、そのタイミングだったという。

石のように硬直した体はびくともしない。かろうじて首から上だけが少し動くような状態だった。これは盗人の類ではない。これまで感じたことのない恐怖というものが、じわじわと全身を蝕《むしば》むように冷や汗となってじわりと体を伝わるのを感じた。

開け放たれた玄関を見る。

すると――外廊下を黒い人影がすっと横切って通り過ぎて行くのが見えた。

はっとしてAは目を見張った。

外廊下の光が、暗い部屋の中へと滲んでいる。

――誰?

しばらくして。

通り過ぎた人影が戻ってきた。

漆黒の影は玄関の前に立ちはだかると、静止した。

――こちらを……見ている。

表情は見えない。何を考えているのだろう。目的もわからない。思考も読み取れない。

得体の知れない影が、自分の住居の開け放たれた玄関の前に立っている。

それだけで本当に――恐ろしい。

音は聞こえない。聴覚を奪われたような静寂がノイズのように感じられた。
そして、それは唐突に部屋の中へと入ってきた。
ドス、ドス、ドス——と、重い足音が近付いてくる。
冷や水を浴びせられたように、Aはぞっとした。
——うわ、やばい。入ってきた。
全身に力を入れて動こうとするが、身体は微動だにしない。
人影は寝ている自分の傍へと近付いてくる。
そして枕元に立つと前傾姿勢になり、Aの顔を覗き込んだ。
——帰ってください。お願いします。帰ってください。帰ってください！
Aは必死で懇願した。
こちらを覗くその顔は、真っ黒で表情が見えない。
笑っているのか怒っているのかも不明。一切の感情が存在していないように見えた。
人影はゆっくりと、顔を近付けてくる。
——お願いします。帰ってください。すいません。どうか帰ってください！
歯を食い縛りながら、Aは必死で踠《もが》いた。喉を締め付けられているように息苦しい。

藁をも掴む思いだった。彼は見様見真似でお経を唱え始めた。

――南無阿弥陀仏。南無阿弥陀仏。南無……。

その瞬間。

漆黒の顔が大きくなり、ぐいとAの鼻先まで迫ってきた。

闇に吸い込まれそうな感覚に、彼は目眩を覚えた。

「ねえそれ、無駄だよ」

それは、目と鼻の先でそう言った。


彼が憶えているのは、そこまでだと云う。次に気が付いたのは朝方だった。弾かれたように飛び起きて部屋の中を見渡すと、すべての扉や引き出しは閉まっていた。

部屋の状態は元に戻っている。

――玄関の扉は、何事もなかったように閉じられていた。

Aは当時を思い出しながら、記憶を紡ぐように自身の体験談を語ってくれた。

「そこ、十階建てのマンションなんだけど少し変なんだよ。上から見ると正方形の形をした大きなマンションなんだけど、建物の真ん中に謎のスペースがあるんだよね」

「中庭ってこと？」

「いや、雑草で荒れ果てた変な空き地。しかも入り口がわからないんだよ」

そのマンションは、上から見るとロの字形をしている。中心に空間があるとのことだが、中庭のように人の流れがある場所でもない。外廊下はその空間に面して造られており、住人は玄関を出ると必ずその空間を見ることになる。建築計画上、通気のためのスペースである可能性もあるが、Aが言うには空気が淀んでいて気持ち悪い場所だったという。

「洋平さん、行ってくれれば？　俺はもう二度と行かないけどね」

そのマンションは、東京のB区——駅から徒歩六分、オフィスやマンションが立ち並ぶ大通り沿いに、今も存在している。

初夏

東京某所に、私の知人が経営しているバーがある。

この話は、そのバーの常連である佐藤さんという男性の身に起きた出来事だ。

佐藤さんは現在、デザイナーとして華々しく活躍をしているが、二十代の頃は会社員として営業職に就いていた。しかし、仕事は自分の肌に合わないばかりか、職場の人間関係も良好ではなく、佐藤さんはつらい日々を過ごしていた。

自分にはこの仕事が続けられるのだろうか。考え始めると憂鬱《ゆううつ》になり、思考はぐるぐると負のループへと入る。やりがいなんていう言葉は虚構に過ぎない。なんのために自分は働いているのだろう。佐藤さんは、いつの間にか精神的に深く落ち込むようになり、体調を崩すようになっていた。

そんなある日。

佐藤さんは、朝どうしても布団から出ることができず、午前中の仕事を休むことにした。今にして思うと鬱病の初期症状だったのかも知れない。

昼を過ぎて、なんとか気持ちを奮い立たせながら仕事の準備をして家を出た。

最寄り駅からいつもの通勤電車に乗車する。

朝は鮨詰めのような満員電車も、正午過ぎの時間だと人は少ない。明るい陽の光が車内を満たしている。雲一つない晴天。なぜかそれがまた気持ちを沈み込ませていた。伽藍とした車両には、数人の乗客がぽつぽつと座っている。

座席に腰を落とした佐藤さんは、項垂《うなだ》れるように座っていた。

すると――。

「ねえ、いつくるの?」

目の前で声がした。視線を上げると、そこに見知らぬ男の子が立っている。

小学校低学年程の年齢だろうか。短髪で白い半袖のシャツを着ている。

「ねえ、いつくるの? ……いつくるの?」

男の子は、こちらをじっと見ながら無表情で言葉を発していた。

「どうしたの?」

佐藤さんはそう言って周囲を見渡したが、その子の親らしき人はいない。

男の子は相変わらず「いつくるの？　ねえ、いつくるの？」と、針飛びしたレコードのように同じ言葉を言い続けている。変わった子だなと思ったが、自分の降りる駅に着いたので佐藤さんはそれ以上相手にはせずに電車を降りた。


翌日の朝。

通勤のため、家から最寄り駅までの道を歩いていた時である。

突然背後から「ねえ、いつくるの？」という子どもの声が聞こえた。

佐藤さんがはっとして後ろを振り返ると、歩道の真ん中に、昨日電車で見た男の子が立っている。

——あ、この子はうちの近所に住んでいる子なんだ。

佐藤さんはそう思った。

「いつくるの？　ねえ、いつくるの？」

無表情のまま、その子どもは同じ言葉を言い続けている。

「昨日、電車で会った子だよね。どうかしたの？」

佐藤さんが質問をしても、その男の子は答えない。相変わらず同じ言葉を繰り返し連呼している。少し不気味だった。ここで相手を続けていても電車に乗り遅れてしまう。佐藤さんは「ごめんね」と言うと早足でその場を去り、駅へと向かった。

その日以降――。

週に一度くらいの頻度で、その子どもを見掛けるようになった。

最寄りのコンビニや、通勤で使う道、いつも使っているコインランドリーなど――その子に遭遇するのは大抵の場合、家の近所である。会うたびに「いつくるの？」としか言わない。やっぱり少し変わった子である。いつしか佐藤さんはその子に「いつくるボーイ」という渾名を付けるようになっていた。

そんなある日。

佐藤さんは溜まった仕事を片付けるために、遅くまで残業する日があった。

誰もいない暗いオフィス。無人のデスクが並ぶ空間は、世界から取り残された廃墟のように寂しかった。一人で黙々と仕事を続けていると、眠気と疲労に襲われる。

時計を見ると、時刻はすでに二十三時を過ぎていた。

「そろそろ、帰ろう……」

そう呟くと、佐藤さんは深い溜め息をついた。

その直後。


——ねえ、いつくるの？


背後から突然声がした。

振り返ると、そこにあの男の子が立っている。

ねえ、いつくるの？　いつくるの？

子どもは無表情のまま、こちらに顔をぐっと近付けてきた。

ぺたり、ぺたりと足音を立てながら、歩み寄ってくる。

佐藤さんは、気が付くと絶叫していた。

鞄も持たず、一目散にオフィスと飛び出すと、逃げるように会社を出た。

——あの子は、生きている子じゃない。

恐怖に慄《おのの》きながら佐藤さんは、家まで帰り着いたという。

自宅に帰り、机に座ると佐藤さんは頭を抱えながら震えていた。

あの子は、幽霊だったのだろうか。

それとも俺は、ついに頭がおかしくなったのだろうか。

狭い部屋の中で、じわじわと恐怖が辺りを埋めてゆくような圧迫感を感じていた。

すると突然。

ガタガタ……。

ガタガタガタ……。

部屋の隅にある押し入れの中から、異様な音がし始めた。

なんの音だろう。佐藤さんは緊張のあまり硬直してしまった。ガタガタという異音は、続いている。耐えられなくなった佐藤さんは、恐る恐る押し入れに近付いた。

ただただ怖い――。しかし、中を確認せずにこのまま放置するのも、それはそれで恐ろしかった。佐藤さんは恐怖に押し潰される前に、思い切って押し入れの襖を開いた。

どさり……。

開けた押し入れの中から、何かが床に落ちた。

見るとそれは、実家から持ってきた古いアルバムだった。

落ちた拍子に、一枚の写真が飛び出している。

佐藤さんはそれを拾い上げた。

それは、自分が子どもの頃、親に撮ってもらった古い写真だった。

長い年月を経て、表面は色褪《いろあ》せている。実家の近くにあった公園で撮影された写真で、真ん中には小学校に入学した頃の自分が笑顔で写っていた。

――ああ、この頃は悩み事なんて何も無かったな。

懐かしさが込み上げてきて、涙が出そうになった。先程までの恐怖心が、すっと掻き消えてしまったようだった。

しかしその直後、写真を見ていた佐藤さんは、はっと目を見開いた。

写真の中、自分のやや後方に、こちらを見ている子どもが写っている。

短髪で、白い半袖のシャツを着ているその子ども。

――それは、あの男の子だった。

会うたびに「いつくるの？」と訊いてくるあの子どもが、古い写真の中、そのままの姿で昔の自分と肩を並べて写っている。

「これ……どういうこと？」

佐藤さんは、心底驚いた。理解が追い付かない。不可解な出来事が起きている。

写真に写るその男の子は、間違いなくあの「いつくるボーイ」だった。

佐藤さんは慌てて実家の母親に電話を掛けた。

「あ、もしもしお母さん。今、昔の写真を見ているんだけど……」

自分の隣に写っている白いシャツの男の子は一体誰なのか——写真の説明をしながら母親に何か思い当たることがないかを、捲《まく》し立てるように訊いた。夜も遅い時間に掛かってきた電話の先で、息子が息を荒げて喋りまくっている。母親は最初、何事かと面食らっていたようだが、しばらく話を聞いた後、思い出したようにこう言った。

「ああ、その写真かい。それはね、お前の従兄弟《いとこ》のヒロくんだよ」


まるで記憶の渦が、濁流となって頭の中に溢れてくるようだった。

佐藤さんはその時、すべてを思い出したという。

あの子は、北海道に住んでいた歳の近い従兄弟のヒロくんだった。

幼少の頃から、ヒロくんの家族は毎年夏休みになると実家に遊びに来ていた。

それは、記憶の彼方で輝く懐かしい光景である。

二人はとても仲が良く、家や近所の公園でよく遊んだものだ。毎年夏休みになると、ヒロくんが遊びに来てくれることが楽しみで仕方なく、そして彼が北海道に帰る時には、互いにまた遊ぼうねと声を掛け合い、別れを惜しんだものだった。

しかし――ヒロくんは小学生の時、交通事故で帰らぬ人となってしまった。

突然の訃報に、当時の佐藤さんは大きなショックを受けたという。

墓参りにも行きたかったのだが、親の仕事の都合上、当時は実家を離れることが難しい状況であり、結局北海道へは行けないまま、いつの間にか月日が過ぎていた。

子どもの頃というのは、日々常に新しい体験と刺激に溢れている。目まぐるしい日常の中で、いつしか佐藤さんはヒロくんのことを忘れることが増えていった。多感な少年時代において、悲しい出来事に折り合いを付け、気持ちを消化するというのは、そういうことなのかも知れない。

「ああ、あれはヒロくんだったんだ……」

写真を手に持ったまま、佐藤さんは独り静かに呟いた。

興味深いのは、その後の話である。

その日以降も、ヒロくんは相変わらず佐藤さんの前に現れ続けたという。

会うたびにヒロくんは、「いつくるの？」と訊いてくる。しかし、その男の子がヒロくんだとわかってからは、佐藤さんにはその子に対する恐怖心がいっさい無くなっていた。仲の良かった従兄弟が、怖い訳がない。

――その年の夏。

佐藤さんは休暇を取って、北海道までヒロくんの墓参りに行くことを決めた。

そしてさらに興味深いことに、その道中――、羽田空港から新千歳空港までの飛行機の機内にも、ヒロくんは現れたと云う。

飛行機の座席に座りながら佐藤さんがコーヒーを飲んでいると、通路側の方から突然「いつくるの？」と声がする。見ると、飛行機の機内にある座席と座席の間の通路に、ヒロくんが立っていた。

ねえ、いつくるの？

こちらをじっと見ながら、彼は佇んでいる。

誰にもその姿は見えていない。佐藤さんだけに見えている。

「いま、向かっているよ」

佐藤さんは、微笑みながらそう言った。
ヒロくんはとても嬉しそうに笑うと、静かに消えた。

墓地に着いたのは、昼を少し過ぎた頃。
遠く晴れた夏空の下。
美しい新緑に囲まれた高台にある見晴らしの良い墓地に、佐藤さんは立っていた。
目の前の墓石には、ヒロくんの名前が彫られている。
「ヒロくん、遅くなってごめんね。一緒に遊んでくれてありがとう」
これからは、たまに会いにくるからね——。
佐藤さんは、静かに手を合わせた。
その日を境に、ヒロくんが姿を現すことはなくなった。

黒煙

　私がＤＪとして出演するクラブによく遊びに来てくれるカナダ人の男性がいる。

二〇一九年春。彼が東京でモデル・プロダクション関係の新しい会社の立ち上げに携わることになり、そのオフィス兼スタジオで、ローンチ・パーティ（新規プロジェクト立ち上げの記念パーティ）を開催することになった。海外（特に欧米）だと、そうしたプライベート・パーティにＤＪを呼んで音楽を演出してもらうということもよくある。私は彼からＤＪの出演依頼を受け、当日そのスタジオを訪れた。

　場所は東京都目黒区某所。大きな一戸建ての住居をオフィスにした会社で、地下室は防音設備を完備したスタジオになっている。日本人、韓国人、アメリカ人、カナダ人など多国籍な人々が集まり、歓談を楽しんでいた。

　この話は、そのパーティで知り合ったショーンというアメリカ人から聞いた話だ。

「僕の父が高校の時、サンフランシスコに住んでいたんだけど、高校の同級生でちょっと変わった友人がいたんだよ。彼からとても怖い話を聞いたらしいんだ」

ショーンは表情豊かに、その話を私に語ってくれた。

その友人の名前は、ジェフという。

大人しい男性で、学校の中でも目立つ存在ではなかったが、写真が趣味で、その知識は深い。よくカメラを持って学校を歩いては、目に留まった風景を写真に収めていた。

しかし、ジェフには大きな悩みがあった。

ビリーという同級生の男に、執拗な虐《いじ》めを受けていたのだ。

人前で罵倒されることは日常茶飯事で、ビリーの機嫌が悪い時などは、小突かれたり蹴られたりという暴力を受けることもしばしばあった。ビリーはいつも数人の子分を引き連れて、校内を練り歩いている。ジェフはできるだけその集団に見付からないよう、こそこそと隠れるように学校生活を送っていた。ビリーの虐めはエスカレートしており、暴力による身体的苦痛もさることながら、時として食事も喉を通らない程、精神を蝕むようになっていた。

ジェフの高校生活は、ビリーの暴力と虐めにより、崩壊していた。

「あいつなんか、消えてしまえばいいのに……」

ジェフは常々そう思っていた。

そんなある日。

「ビリーが車で事故を起こした」という話が学校中に流れた。

彼はいつも連れている悪友たちと酒を飲んで車を運転し、追突事故を起こしていた。

車体の前面が大破する程の大事故——。

ビリーは即死だったと云う。

数日後、彼の葬儀が執り行われた。アメリカの葬儀は、一般的にまず「ビューイング」と呼ばれる家族や友人だけの別れの式が行われる。日本でいうと通夜のようなものだろうか。その後、葬儀と埋葬式が行われる。ビリーと親しかった高校の同級生は、このビューイングへと参加した。そして、ジェフも一連の葬儀に参列したと云う。

しかし、ジェフには誰にも言えない「ある目的」があった。

ビリーには、積年の恨みがある。彼の訃報を聞いた時、ジェフは心から歓喜した。

「やっとあいつが死んだ。これで俺の人生は救われる」

その日、ジェフは涙を流して喜んだ。

「俺はあいつの虐めに耐えた。あいつは地獄に落ちるに違いない。俺は勝ったんだ」

ジェフは心の中でそう叫ぶと、こっそりとカメラを持ってビリーの葬儀に参加することを決めた。

まるで戦利品かの如く、ビリーの死に顔を写真に収めてやろうと思ったのだ。

そしてジェフは、葬儀中に隙を見て、遺体となったビリーの顔を写真に撮った。


しばらくの間、その写真は自宅の部屋に飾っていた。

写真に収められたビリーの死に顔は、無表情で石のようである。事故の損傷を受けて頭部の肉が一部、綻《ほころ》んでいるが丁寧に補正されていた。しかし、もう動くことはない。

その死に顔を見るたびに、ジェフは晴れ晴れとした気持ちになった。

あいつはもうこの世にいない。

一方で、俺はあいつの呪縛から逃れ人生を謳歌《おうか》している。

ジェフは、独りでほくそ笑むことが多くなった。

――そんなある日の夜。

ジェフが自宅の部屋で寝ていると、夜中に目が覚めた。

部屋の中で、轟々《ごうごう》とノイズのような音がしている。

うう……。ううう……。

それは、低い呻き声のようにも聞こえた。

最初は強盗でも入ってきたのかと思ったそうだ。ジェフは、咄嗟に飛び起きた。

「なんだ……これ？」

それを見た時、ジェフは驚きのあまり硬直した。

部屋の真ん中に、大きな黒い靄《もや》の輪が、巨大なドーナツのように浮いている。

ぐねぐねと蠢きながら、その黒い輪は浮遊していた。呻き声のような音は、その黒煙から響いている。そして、ゆっくりとその黒い輪はこちらへ近付いてきた——。

「やめてくれ！」

ジェフは絶叫した。その直後。

——黒い靄の輪がぐいとこちらに迫ってきた。

目の前を黒い靄が覆い尽くす。ジェフは視界を奪われた。

凄まじい吐き気に襲われる。それと同時に頭の中で、

「ううう……。うう……。ううう……」

と、低い男の声が轟いた。

――ビリーの声だ。

ジェフは恐怖に顔を引き攣《つ》らせる。

うう……。うううう……。ぐぐ……。

頭の中を掻き回すかのように、大きな呻き声が脳内に犇《ひし》めいている。

「もういい！　わかった。充分だ！」

飛び起きると、ジェフは部屋に貼ってあったビリーの写真の傍まで行った。

ビリーの顔……。

その二つの眼球は、塗り潰されたかのように真っ黒だった。

遺体の表情は豹変しており、苦悶に満ちた表情をしている。

ビリーは口を大きく開け、顎が歪んだ状態で何かを叫んでいるようだった。

写真全体を、黒い靄の輪が重なるように覆っていた。

「ぎゃあああああああっ」

ジェフは叫びながら写真を剥ぎ取ると、庭へと飛び出し、写真を燃やした。

メラメラと燃える写真を見ながら、ジェフは震えが止まらなかった。

それ以降、怪奇現象は起こらなかったそうだ。


「ジェフは、悪魔を見たんですよ」

この話を聞かせてくれたショーンは、私にそう力説してくれた。

悪魔がビリーの声をジェフに聞かせたのだ——と、彼は言う。

やはりキリスト教圏だからだろうか。興味深いことに、欧米の人から聞く怪談においては、こうした現象を幽霊ではなく悪魔のせいだと表現する人が多い印象がある。

日本だと、こうした怪異が起きた時は、亡くなった人が幽霊となって現れるという話が多い。怪異が起きた場合、それは死者がもたらしたものだという概念が浸透しているからなのか、自然とそういう結び付きができていると思われる。

一方、キリスト教の概念では、（一概には言えないが）死者は神の元へ帰る存在であり、この世に怪異をもたらすのは悪魔だという考え方がある。それゆえに、怪異現象が発生した場合、それは死者の幽霊というより「悪魔が誘惑するために現れた」と捉えることが多いのかも知れない（無論、死者の幽霊が現れたと解釈される怪談もあるが）。

私の友人で、シカゴ在住のアメリカ人がいるのだが、彼女も子どもの頃、母親を亡くした直後に、黒い人影が枕元に現れて襲われたという怪異に遭遇したことがあった。数年前にシカゴを訪れた際、彼女にその話を聞いたのだが、彼女はそれを「悪魔の仕業だ」と表現していた。

口承により語られる怪談は、文化や宗教、習慣によっても異なる。

もしかすると、「怪異」の根幹は同じでも、それをどう解釈しているか、その時どう捉えたかにより、体験者の脳の中で怪異が変容し、一つの完結した「怪異体験」として認識されるものなのだろう。

海外の怪談には、そうした文化的背景を感じる面白さがあり、また、表層の奥に眠る怪異の正体というものに考察をもたらす魅力がある。

ジェフの寝室に現れたリング状の黒い靄――いや、黒い靄のように認識されたものとは、一体何だったのだろうか。

二階の和室

映像制作の仕事をしている宮田さんという女性から聞いた話だ。

彼女の地元は岩手県にあるのだが、小学生の頃はよく神奈川県にある祖父母の自宅へ遊びに行くことがあった。二階建ての木造家屋。古い家だったが、宮田さんは祖父母の家に遊びに行くのが楽しみだった。祖父母は、孫である宮田さんをとても可愛がってくれており、彼女もそんな祖父母と話をするのが大好きだったと云う。

しかし一箇所だけ、祖父母の家には、ある難点があった。

二階へ上がる階段の上に、神棚のようなものが設置されている。

なぜか宮田さんはその神棚が無性に恐ろしかった。そこに何が祀られていたのかは、わからない。薄暗い階段の上から、こちらを見下ろすように鎮座するその神棚には、触れてはいけない瘴気《しょうき》のようなものが滲み出ているようだった。

二階へ上がる時はいつも、その神棚を見ないように目を伏せ、小走りで階段を駆け上がるようにしていたという。

——ある年の夏。

家族で祖父母の家に滞在していた時のこと。

宮田さんは弟と二人で、かくれんぼをしようということになった。

その日は朝から両親と祖父母は所用で出掛けていたため、夜までの間、家には宮田さんと弟の二人しかいない。誰もいない家でかくれんぼをするのは、子ども心に妙な解放感があり、とても楽しかった。

午後の緩やかな光が差し込む家の中。二人は夢中になってかくれんぼをしていた。

しばらく続けていると、そのうち隠れる場所も尽きてくる。

何度目かに弟が鬼になった時、宮田さんは二階の部屋に隠れようと思った。

「もういいかい?」

弟が廊下の壁に両腕と頭を付けて、呼び掛ける。

「まあだだよ」

宮田さんは、足音を忍ばせながら階段へ向かった。

見上げると、そこには例の神棚がある。

やっぱり、気持ち悪い……。

宮田さんは目を伏せると、早足で階段を駆け上がった。

二階の和室は、綺麗に整頓されている。差し込む陽の光の中を、静かに埃が舞っていた。部屋の突き当たりには押し入れがある。

——ここに隠れよう。

宮田さんは部屋の奥まで歩み寄ると、襖を開けた。押し入れの上段には布団が積まれている。宮田さんは布団を脇へと寄せて、そこへよじ登った。

押し入れの内側から、静かに襖を閉じる。

周囲は闇に包まれた。黴《かび》臭い匂いが少し鼻を突く。

閉じられた襖は一センチ程の隙間を残しており、そこから一筋の光が差し込んでいる。

「お姉ちゃん、今から探しに行くね」

階下から弟の声が聞こえた。ここならそう簡単には見付からないだろう。弟は階下の部屋を徘徊し始めた。自分が二階にいることに、弟はまだ気付いていない。その足音を聞きながら、宮田さんは楽しさのあまり笑いを堪えるのに必死だった。

押し入れの中は暗かったが、しばらくすると目が慣れてくる。

ふと上を見ると、天井の板が少し斜めにずれているのが見えた。

隙間から天井裏の闇が見える。

――上には何があるんだろう？

宮田さんは、好奇心に駆られた。ゆっくりと天井の板に手を伸ばすと、開いている隙間に手を掛ける。スーッとそれを動かすと、頭一つを入れることができる程の四角い穴が口を開いた。

階下では、弟が歩き廻る足音が聞こえている。

「ねえ、どこにいるの？」

弟はそろそろ一階の部屋を探し尽くしたようだ。足音は同じ所を行き来している。

――見てみようかな。

宮田さんは、天井裏の闇を見ながらそう思った。

その時。

階段を上ってくる足音が聞こえた。

――弟が来る。

足音は二階の廊下へと移動し、和室の中へと入ってきた。

――気付かれないようにしなきゃ。

宮田さんは声を潜めて隠れていたのだが、やはり天井裏が気になっていた。

――やっぱり少し覗いてみよう。宮田さんは、音を立てないよう気を付けながら静かに上体を起こすと、天井の穴へと頭を差し込んだ。

周囲は暗いが、襖の隙間から入る光が視界を補助している。

天井裏には、埃が積もっていた。

所々にゴミ屑のようなものが落ちている。

剥き出しになった木材の梁が組まれているのが見えた。

呼吸をすると咳込みそうだ。

視線の先に、何かが並んでいるのが見えた。

二十センチ程の布切れを巻かれた縦長の棒のようなものが、たくさん並べて置かれている。一体なんだろう?

宮田さんは、目を凝らして見た。

——それらは、四肢の一部や首が欠損した人形だった。
燻んだ色の襤褸《ぼろ》切《き》れを纏った人形の群れが、大量に並べられている。
首が折られたもの。
手首が欠けているもの。
両腕が折られているもの。
片足が抜かれて転がっているもの。
——負傷者の集団が、ずらりと集められたようにも見える。
異様な光景に、宮田さんは息を呑んだ。
次の瞬間——、押し入れの外に気配がした。
「そこは見ちゃだめだよ」
知らない子どもの声だった。
——えっ？
弾かれたように宮田さんは、押し入れの襖を開けた。
突然、外の明るい光が目に飛び込んできたので、思わず目を細める。

宮田さんは、ゆっくりと目を開いた。

——和室には、誰もいない。

「お姉ちゃん、二階にいるの？」

下の階から、弟の声が聞こえた。


「今もあの人形が、一体なんだったのか、わからないんです。怖くて祖父や祖母にも聞けなかったんですよね。誰かに喋ると良くないような気がして……。今日初めて、響さんに言いました」

宮田さんは、私にそう話をしてくれた。

祖父母は数年前に他界し、その家はもう取り壊されているという。

夜の慟哭

始めに言っておきますが、この話を誰かに僕から話すのは初めてです。
メールに書くのも初めてです。
以前、この話を友達に話そうとした時、話そうとした直前にあることが起きました。
突然、『この話をしてくれた人』から電話が掛かってきたんです。
「今、あの話しようとしてる？」と言われて、怖くなって話すのをやめました。
それからは、もうこの話を誰かにするのはやめようと思い、今に至ります。
ただ、メールなら大丈夫かも知れないと思い、今回連絡させて戴きます。
そう思えるまで、ちょっと時間が掛かりました。

――二〇一七年の冬。

私はKさんという男性からそんな連絡を戴いた。

さっそく私は彼に連絡を取り、その貴重な怪異譚を聞かせてもらう機会に恵まれた。

闇の深淵に触れるような底知れぬ恐怖と、それゆえに興味を惹かれる話であったが、実はこの話に付随する現象として私自身が不可解に思うことがある。

普段私は、トークライブやテレビ番組、映像作品などで多数の怪談を語らせて戴いているのだが、なぜかこの話だけは上手く話すことが難しいのだ。

話をしようとすると、まるで記憶の檻から話の断片がするすると逃げ出して行くように、ディテールが朦朧として輪郭を掴み損ねているような錯覚に陥ってしまう。無論、私の記憶力に問題があるという可能性もあるが、少なくとも私が蒐集した他の怪談についてはこんな状態になったことはない。——この話だけだ。

Kさんが他人にこの話をしようとすると、体験者本人が何かを察知して電話を掛けてくるような話である。極力、先入観を排除し、フラットに怪談を捉えたいと考えているのだが、この話だけは本当に何か特別な質感を纏っているように思えてならない。

事実、私はKさんにこの話を紹介する許可を戴いておきながら、未だにしっかりと語ったことはない。語ろうとすると、上手く話ができないような気がして怖いのだ。

Kさんの年齢は三十代後半。看護師として医療施設に勤務をしながら、バンド活動で音楽の制作・作品リリースもしている多才な人物である。

今から八年ほど前。

当時、Kさんは関東近郊の或る医療施設で勤務をしていたという。

その施設は、一階がロビーと看護室。二階が利用者の居住フロアになっている。

看護師は複数人在籍しており、日勤と夜勤のシフト制で仕事を回していた。

ある日。Kさんが、原田さんという年配の女性看護師と雑談をしていた時のこと。

「ねえ、今度夜勤の時にでも、怖い話してあげようか？」

特にそんな話題になった訳ではないのだが、唐突に原田さんがそう言った。

「どうしたんですか突然」

「この話ね――まだ三人にしか話したことがないの。聞きたい？」

最初、Kさんは特に興味を惹かれることもなく聞き流そうとしていたのだが、「三人にしか話したことがない」という言葉に対し、少し引っかかるところがあった。

――俺のこと、ビビらせようとしてるのか？

どこか試されているような印象を受けたので、Kさんは平然と「今度聞かせてくださいよ」と返答したという。もしかしたら強がっていた節もあったのだろうか。

後に、聞いたことを後悔することになるこの話との接触は、すでにこの時に始まっていたのかも知れない。


——数ヶ月後。

Kさんは、原田さんと夜勤をする機会があった。

その医療施設では、夜勤は二人体制である。重病や、急な発作を伴う病状を患う利用者はいなかったため、正直なところ夜勤は暇な時間が多かった。

消灯時間を過ぎると、館内は水を打ったような静寂に包まれる。

薄暗い廊下の奥には非常口の灯りが緑色に光っており、人を忘れたような無機質な空間が昼間とは違う姿を見せていた。

深夜。あらかたの仕事を終えてKさんと原田さんが一息ついた頃。

「煙草でも行きます?」と、二人は喫煙室へ一服しに行くことにした。

看護室を出て廊下を進むと、真っ暗なロビーに出る。

ヒタヒタと歩く二人の足音だけが、残響音となって耳に付いた。

暗いロビーを横切ると「喫煙室」と書かれた部屋がある。

二人はそこに入り、扉を閉めた。

そこは五帖程の小さな部屋。喫煙室なので換気扇はあるのだが、窓はない。

椅子が数個と小さなテーブルがあるだけのスペースである。

Kさんと原田さんは、椅子に座るとテーブルに珈琲と灰皿を置き、煙草を燻らせた。

しばらく他愛もない雑談が続いた後。

「ねえ、この前話してた私の怖い話――聞いてみる?」

原田さんがそう言った。それはKさんの頭からすっかり忘れられていた話題だった。

「この前言ってた怖い話ってやつですか?」

「そう。聞きたい?」

「ええ。聞きますよ」

Kさんはその瞬間、なぜかとても嫌な予感がしたという。理由はわからない。

ただ、原田さんがニヤニヤと嗤いながら「本当にいい?」と訊いてくるのが妙に挑発的な態度に見えて、少し苛立ちを覚えた。

――そんなに言うなら聞いてやるよ。

Kさんは心の中でそう思った。

「いいですよ。聞かせてください」

Kさんは平然と言葉を返したが、これも虚勢を張っていただけなのかも知れない。

原田さんは煙草を一息吸うと、かつて自身が遭遇した異様な体験談を語り始めた。


それは、原田さんが二十歳の頃。

当時、彼女は関西地方の専門学校に通っていたという。

夏のある日。学校の友人十人程で遠方の浜辺まで海水浴に行くことになった。

海に行くには県境にある山道を車で走り三、四時間は掛かる。朝出発しても到着するのは午後になるため、フルタイムで一日遊ぶことができない。若さゆえの体力もあったのかと思われるが、夜中に出発して朝のビーチを満喫しようという話になった。

車は四台。それぞれに分乗することになり、原田さんは三台目の車に乗車した。

――誰もいない深夜の山道。

四台の車の灯だけが、ぐねぐねと山間の闇を這うように進んでいた。

対向車もなく、カーブの多い山道。それぞれの車は気儘にドライブを楽しんでいる。原田さんの乗る三台目の車は、気が付くと他の車と大きく車間距離が空いていた。

時計を見ると深夜四時少し前。

真夜中の山中は、明かり一つ存在しない。

頼れるのは車のヘッドライトだけである。その空間は山の領域であり、人が生活する圏内ではない。妙な孤立感が増幅されていくような感覚だった。

そして、あるカーブに差し掛かった時。

錆び付いた道路標識の傍に――それは立っていた。

白いワンピースを着た女。

長い黒髪を垂らし、佇んでいる。

原田さんには、はっきりとそれが見えた。

昔から自分には霊感があることを知っている。人には見えない何かを感じることも何度かあった。十メートル程先に立つその女を見ているこの感覚というものが、そうした肌触りであることを体感していた。

――あ、生きてない。

小さな声で呟いてしまったが、車内の友人には聞こえていない。そもそも彼らには、あの女が見えていないようだった。深夜の山道に女が一人で立っている――それだけでもかなり異常な状況であるが、それに触れる者は誰もいない。

原田さんは、誰にも言わず黙ってその場をやり過ごしたという。

しばらく進むと、先を進む二台の車が道路脇の空き地で待っていた。車間距離が空き過ぎたからだろう。原田さんの乗る車もその場所で停車した。車を降りると、友人らが雑談をしている。四台目の車を待っているのだが、なかなか来ない。

「あいつら、どうしたんだろう?」

「道に迷ったのかも」

「いや、一本道だからそんなはずないと思うけど……」

車間距離が空いたとしても、さすがに遅すぎる。

「ちょっと戻って見てこようよ」

二台目の車に乗っていた女友達のAさんがそう言った。

原田さんたちは一旦、引き返すことにしたという。

進行方向を元来た道へと変更し、車は動き始めた。

原田さんは目を凝らしながら、ヘッドライトが照らす道の先を注意深く見ている。つい先程まで走っていた山道。錆びたガードレールや、歪んだ木の幹など、記憶に残る痕跡がぽつりぽつりと既視感のように現れては過ぎてゆく。

車はさらに来た道を戻り、しばらくすると。

——あの道路標識が見えた。

白いワンピースの女はいない。

原田さんは、なぜかとても嫌な予感がしたという。

その脇には、四台目の車が停車していた。助手席のドアが開いていて、運転していた男性がその傍に立っている。助手席に座るN君に何かを喋っているようだった。

車を降りてその光景を見た時、原田さんは驚愕した。

助手席のN君は、首をガタガタと揺らしながら痙攣《けいれん》している。口からは唾液を垂らし、眼球の瞳孔は瞼《まぶた》の裏へと隠れ、力なく浮遊した状態で白目を剥いていた。

「おい、大丈夫かよ！」

運転していた男性が肩を揺すりながら呼び掛けている。原田さんたちは慌てて駆け寄ると、皆でN君を外へと引き摺り出した。

ズボンが濡れている。N君は失禁していた。

地面に寝かせたが、痙攣は治まらない。ガクガクと首を震わせながら、だらりと首を傾けている。原田さんが、運転手の男性に事情を訊こうとしたその時。

二台目の車に乗っていた女友達のAさんが、間髪を入れず口を開いた。

「あの女、乗せたの?」

原田さんは凍りついた。

ああ、この人にも見えていたんだ——そう心の中で呟いた。

「こんな時間にこんな場所で、人が居るわけないじゃない! なんで乗せたのよ!」

Aさんは声を荒げ、運転していた男性に詰め寄る。彼は怯えながら「いや、俺じゃないよ」と言葉を返した。その声は震えている。

「N君が——あいつが、乗せてあげようって言ってきかなかったから……」

運転していた彼が言うには、その道路標識の傍に白いワンピースの女が立っているのが見えたという。

助手席のN君が「あの人を乗せて行こう」と言い始めた。

(この話は、Kさんが喫煙室で同僚の原田さんから聞いた体験談であるが、Kさんはここまで話を聞いた時「ああ、この話は本当に聞いちゃいけない話だ」と思ったそうだ)

N君があまりにしつこくあの女を乗せようと言うので、運転していた男性は渋々車を停めた。助手席の窓を開けて、N君はワンピースの女に何かを話し掛けている。

そして程なくして、N君は痙攣し始めた。

運転していた男性が「どうしたんだよ」と慌てて声を掛けた時には、もうワンピースの女は消えていた。そうしているうちに、他の皆が引き返して来たのだという。

それからは大変だった。

N君を介抱する者。救急車を呼ぶ者。N君の親に連絡を取る者――。

救急隊の指示によると、現場まで救急車が向かうには時間が掛かるため、救急隊の指示通りN君を車に乗せて病院まで運ぶことになった。市街地に入るとそこで救急車と合流し、N君をそちらへ乗せ替えて病院へと急ぐ。やっと病院へ着いた頃には朝方になっていた。N君の両親も病院へ到着したのだが、話を聞くとこれまでそんな症状にはなったことがないという。

N君はそのまま入院することになった。

その日は皆、もうどこへも行かず、解散して帰ることになったという。

「もう、それから二十年以上経つかしら」

原田さんは煙草を灰皿でもみ消すと、溜息をついた。

「学生の頃は、その後もよくお見舞いに行ってたの。N君はしばらくして一般病棟からは出たんだけど、まるで別人みたいになっちゃってね」

一日中、放心状態で病室のベッドに座っていたり、訳のわからない言葉を喋り続けていたり、まともな会話ができなくなってしまったという。

「N君、最後は精神科の病棟に移されたの。結局、原因はまったくわからないまま。あれからだいぶ経つけど、今も地元に帰った時はお見舞いに行くのよ。でも彼、何も話せないから……」

N君はもしかすると私に助けを求めているのかも知れない。

原田さんが静かにそう呟いた時だった。

——うああああああああああっ！


喫煙室の外。暗いロビーの方から凄まじい叫び声が轟いた。

それは低い男の声だったが、得体の知れない獣の咆哮のようにも聞こえる。

凍りついたように二人は硬直し、目を合わせた。

「今、聞こえた——？」

「……」

Kさんは、外を走ってるバイクの音ですかと返答したが、それが絶対に違うということを自分でもわかっていた。国道の音がこの喫煙室まで聞こえる訳がない。何よりあの声は暗いロビーから鳴り響いていた。

——喫煙室を出るのが怖い。

やっぱりこの話は聞いちゃいけなかったんだ。どうして俺は断らなかったんだろう。

耐えがたい恐怖に潰されそうになりながら、Kさんはただひたすら後悔していた。

無言のまま二人はその後、何本か煙草を吸うと、喫煙室を後にした。

目の前には、暗いロビーが広がっている。

物音一つしない静寂が空気を支配していた。

闇の中には、誰もいない。

看護室に戻った後も、Kさんと原田さんに会話はなかった。

静かに夜が明ける。

朝になり日勤の職員が何人か出勤してきた頃、Kさんはやっと口を開いた。

「原田さん、あの声って――あれですよね？」

「そう。N君の声だった」

Kさんはその後、半年程してその職場を辞めた。


この話をKさんから聞かせてもらった時、私はいくつかの質問をさせて戴いた。

「原田さんは、この話を過去に三人しか話をしていないと言っていましたよね？」

「はい」

「それはなぜでしょうか？」

「僕も原田さんに後日そのことを聞いたんです。すると彼女は『話す人を選んでいるの。最近話してなかったし、なんとなくだよ』と言って、はぐらかされてしまったんです。

でも、声を聞いたのはあの時が初めてだと言っていました。この話をすると、決まって何かが起きるそうです。原田さんも話すのを控えていたのかも知れません」

「過去に原田さんがこの話をした時、何が起きたんでしょうか？」

「それ、僕も訊こうとしたんですが、原田さんの表情を見るとそれは訊かない方がいいような気がして、それ以上は聞いていません」

「Kさんがこの話を喫煙室で聞いている途中、『この話は本当に聞いちゃいけない話だ』と思ったんですよね。その時の感覚は、どのような感じなのでしょうか？」

「まさに空気が変わったという感じです。ぐわっと変わった感じ。話す前から嫌な予感はしていたのですが、ちょうどN君が白いワンピースの女を乗せてあげようと言い始めた件《くだり》から、嫌な予感が確信に変わった感じです。これか！　と思いました」

「そのタイミングで『聞いちゃいけない』と直感が降りたというのも興味深いですね」

私は素直にそう思った。

一見するとこの話は「Kさんが職場の同僚から聞いた怪談」であり、それをKさんが私に語ってくれたという形であるが、これはもはやKさん本人の怪異体験だと私は捉えている。

私が怪談を蒐集する際は、怪異自体にも興味を惹かれるが、怪異に触れた時の体験者自身の主観や直感という要素も大切にしたいと考えている。その主観や直感を創発させた根源の存在を想像すると、そこに怪異を紐解くヒントのようなものが垣間見えるのかも知れない。

最後にKさんは、私にこう言った。

――この話、是非どこかで話してみてください。僕には話す勇気はありません。